BC 2333 · 고조선 건국
천제 환인의 손자이며 환웅의 아들인 단군이 아사달에 도읍을 정하고 건국한 나라. 우리나라 최초의 국가로 우리 민족의 전통과 문화의 중심이 되는 국가임.

BC 108 · 고조선 멸망
한(漢) 무제의 침입으로 왕이 살해되고 멸망함. 한나라는 낙랑·진번·임둔·현도에 군현을 설치하고 직접 통치에 나섬. 이 무렵 부여, 동예, 옥저 등의 주변국이 있었음.

BC 37 · 고구려 건국
천제의 아들 해모수와 하백의 딸 유화 사이에서 태어난 주몽이 부여를 떠나 졸본에 세운 나라. 주몽은 동명왕, 추모왕으로 불림.

BC 200년경 · 삼한시대
한반도 남쪽의 진(辰)이 마한·진한·변한으로 형성됨.

BC 57 · 신라 건국
자주색 알에서 태어난 박혁거세가 여섯 촌장의 지지를 얻어 거서간이 된 후 세운 나라. 국호를 서라벌이라 함.

BC 18 · 백제 건국
주몽의 두 아들 온조와 비류가 남하하여 하남 위례성(서울)과 미추홀(인천)에 각각 도읍을 정했다가 온조가 통합하여 나라 이름을 백제라 고침.

한국사 연표

금관가야 건국
하늘에서 내려온 알에서 깨어난 김수로에 의해 금관가야가 건국됨.

광개토대왕 사망
(374~412년). 고구려 제19대 왕. 소수림왕(제17대)의 뒤를 이은 고국양왕(제18대)아들. 고구려의 역대 왕 중에서 고구려의 영토와 세력권을 크게 넓힌 왕.

연표 (연도순):

- **21년** — 고구려, 대무신왕이 부여 공격
- **32년** — 호동왕자의 활약으로 고구려, 낙랑 정복
- **42년** — 금관가야 건국
- **53년** — 고구려, 동옥저 정복
- **65년** — 신라 국호 '계림'으로 바꿈
- **194년** — 고구려, 진대법 실시
- **209년** — 고구려, 환도성으로 천도
- **244년** — 위나라 관구검, 고구려 수도 환도성 함락함
- **300년** — 고구려 미천왕, 요동의 서안평 공격
- **313년** — 고구려 미천왕, 한사군 멸망시킴
- **346년** — 백제 근초고왕, 고구려 침입하여 고국원왕 전사시킴
- **356년** — 신라, 왕호 '이사금'에서 '마립간'으로 바꿈
- **400년** — 신라 내물왕 요청으로 고구려 광개토대왕 파병
- **413년** — 광개토대왕 사망

한국사 연표

- **414년** — 장수왕, 광개토대왕비 세움
- **427년** — 고구려, 평양으로 천도
- **433년** — 신라와 백제, '나·제동맹' 맺음
- **475년** — 백제, 웅진으로 천도
- **494년** — 부여, 고구려에 투항
- **503년** — 신라, 국호를 '신라'로 왕호를 '왕'으로 고침
- **512년** — 신라 이사부, 우산국 정벌
- **527년** — 신라, 불교공인
- **532년** — 금관가야 멸망
- **538년** — 백제, 사비(부여)로 천도
- **598년** — 수, 문제 고구려 1차 침입(실패)
- **612년** — 수, 양제 평양성 공격(실패) 을지문덕 '살수대첩'
- **642년** — 고구려, 연개소문 정권 장악(대막리지에 오름)
- **645년** — 고구려, 당나라에 대승(안시성 싸움)

한국사 연표

후백제 건국
견훤이 농민의 세력을 모아 전라도 일대를 차지하고 후백제 왕이라 칭함. 936년 고려에 멸망당함.

900년

고려 건국
궁예의 부하였던 왕건이 궁예를 추방하고 국호를 고려라 칭함. 936년 후삼국을 통일하고 1392년까지 500년간 존속함.

918년

연표 (왼쪽부터):
- 660년 — 백제 멸망
- 668년 — 고구려 멸망
- 676년 — 신라, 삼국통일
- 828년 — 신라 장보고, 청해진 설치
- 926년 — 거란에 발해 멸망
- 935년 — 신라, 고려에 멸망
- 993년 — 거란, 고려 1차 침입
- 1010년 — 거란, 2차 침입
- 1019년 — 거란, 3차 침입(강감찬의 귀주대첩)
- 1231년 — 몽골, 1차 침입
- 1270년 — 삼별초, 몽골에 항쟁
- 1359년 — 홍건적, 고려 침입
- 1380년 — 이성계, 왜구 물리침
- 1388년 — 이성계, 위화도 회군

698년

발해 건국
대조영이 고구려 유민들의 힘을 모으고 말갈족과 연합하여 길림성 동모산에 진(震)을 건국함.

901년

후고구려 건국
궁예가 송악에 도읍을 정하고 고려·마진·태봉으로 나라 이름을 바꿈. 후에 백성들에게 살해당함.

논술로 되새기는 한국의 인물

이순신

글 민병덕 / 논술 손민정 / 그림 장선환

한국의 인물 **이순신**

글 | 민병덕
논술 | 손민정
그림 | 장선환
펴낸이 | 전채호
펴낸곳 | 혜원출판사
등록번호 | 1977. 9. 24 제8-16호

편집 | 장옥희, 석기은, 전혜원
디자인 | 홍보라
마케팅 | 채규선, 배재경, 전용훈
관리 · 총무 | 오민석, 신주영, 백종록
출력 | 한결그래픽스
인쇄 · 제본 | 현문인쇄

주소 | 경기도 파주시 교하읍 문발리 출판문화정보산업단지 507-8
전화 · 팩스 | 031)955-7451(영업부) 031)955-7454(편집부) 031)955-7455(FAX)
홈페이지 | www.hyewonbook.co.kr

머리말

　충무공忠武公 이순신李舜臣 장군은 임진왜란 때 바람 앞의 등불처럼 위기를 맞은 우리나라를 구한 업적으로 역사의 한 획을 그은 위대한 인물입니다. 그분이 오늘날 대한민국의 화폐에도 등장하는 소중한 인물이 될 수 있었던 것은 타고난 천재성만으로 이루어진 것은 아닙니다. 우리는 흔히 '될 성 부른 나무는 떡잎부터 알아본다.' 라는 속담을 얘기합니다. 이순신 장군은 뛰놀기 좋아하는 철없는 어린 시절부터 생각이 깊고 남달랐습니다.

　여러분은 이 책을 통해 이순신 장군이 역사 속의 훌륭한 인물이 될 수밖에 없었던 이유와 애국심, 삶의 진지한 자세를 배울 수 있을 것입니다. 또한 위인전을 통해 그들이 어떻게 정신적인 어려움을 극복하고 자신을 이기며 지혜롭고 훌륭한 인물로 살다 갔는지를 배우게 될 것입니다.

　누구나 일생을 사는 동안 알게 모르게 갖가지 고난과 역경을 만나게 됩니다. 이 고난과 역경에 굴복하고 절망하는 사람은 결코 성공할 수 없습니다.

이순신 장군도 임진왜란 중에 많은 공을 세웠지만, 억울하게도 두 번의 '백의종군白衣從軍'이라는 처벌을 받았습니다. 그러나 누구를 원망하기보다는 나라의 앞날을 더 걱정하였습니다.

또한 여러분은 이 책을 통해 미래를 내다보는 예지력과 미래를 향한 꿈을 키울 수 있습니다.

지난 역사를 살다간 조상들의 삶은 오늘날 현대인에게 많은 교훈과 슬기를 가르쳐 줍니다.

그 당시 정치를 하는 사람들은 백성들이야 굶어죽건 말건 저희들끼리 연일 싸움만 벌여댔습니다. 양반들은 동인 아니면 서인이라는 편을 만들어 서로 욕하고 싸움을 하였습니다.

그러나 이순신 장군은 그러한 싸움에 연연해하지 않으면서 오직 나라의 미래만을 생각하며 준비하였습니다.

우리가 독서를 많이 해야 되는 이유가 바로 여기에 있습니다. 위인들의 삶을 통해 많이 생각하고 깨닫고 실천하는 삶을 살 수가 있기 때문입니다. 우리가 위인들의 삶을 본보기로 삼는다면 후회하지 않는 멋진 인생을 살 수 있을 것입니다.

끝으로 이 책이 청소년들에게 소중한 정신적인 영양분이 되고, 삶의 지표로 삼을 수 있는 한 권의 양서가 되기를 바랍니다.

사진을 제공해 주신 '현충사'와 관계자분께 진심으로 감사드립니다.

민병덕

1. 성웅聖雄 이순신

1. 전쟁놀이   12
조선시대 이야기 01 | 서당書堂에서는 무엇을 배웠을까요?   22

2. 큰 뜻을 세우다   24
조선시대 이야기 02 | 사서삼경四書三經은 무엇 무엇인가요?   35

3. 무과급제   36
조선시대 이야기 03 | 과거시험의 성적은 어떻게 평가하였을까요?   42

4. 계속되는 모함謀陷   44
조선시대 이야기 04 | 장님을 가리키는 말 '봉사'가 벼슬이름이라고요?   60

5. 백의종군白衣從軍   62
조선시대 이야기 05 | 옛날에도 일요일과 공휴일이 있었나요?   72

6. 당파싸움과 십만 양병설十萬養兵設   74
조선시대 이야기 06 | 당파싸움은 오늘날의 정당정치와 같은 것인가요?   84
우리 역사 바로 알기 | 거북선   86

7. 거북선이여, 나아가라   88
조선시대 이야기 07 | 임진왜란은 일본이 무역에서 손해를 보았기에 일으킨 전쟁인가요?   102

8. 학익진鶴翼陣을 펼쳐라   104
조선시대 이야기 08 | 이순신 장군이 사용한 '학익진'이란 무엇인가요?   118

9. 삼도 수군통제사 … 120
  조선시대 이야기 09 | 임진왜란 때 백성들이 나서서 싸웠다면서요? … 140

10. 또다시 백의종군 … 142
  조선시대 이야기 10 | 조선시대에 이미 암구호를 사용했다면서요? … 162

11. 신에게는 12척의 배가 있사옵니다 … 164
  조선시대 이야기 11 | 고춧가루가 일본이 우리나라를 공격하기 위한
  무기였다고요? … 178

12. 죽음을 알리지 마라 … 180
  조선시대 이야기 12 | 임진왜란 때 우리나라의 무기가 일본보다 우세했다면서요? … 196

2 산 따라 강 따라

1. 성웅의 눈물 … 202
2. 남해안의 헤아릴 수 없는 성웅의 발자취 … 208

3 생각과 표현

전문가가 제시하는 논술문제 10 … 218

이 책의 특징

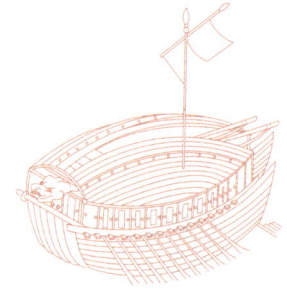

이 책은 단순한 위인전이 아닙니다. 위인전이며 또한 현장 체험학습의 길라잡이이고, 논술의 기초를 다지는 책입니다. 우선 그 구성을 살펴보면 다음과 같습니다.

01 성웅聖雄 이순신 — 이순신 장군의 일대기
02 산 따라 강 따라 — 가족과 함께 떠나는 체험학습
03 생각과 표현 — 전문가가 제시하는 논술문제 10

이와 같이 세 가지 테마로 내용이 구성되어 있습니다.

01 〈성웅聖雄 이순신〉에서는 위인의 일대기를 상세하게 다루되 재미있는 삽화를 넣어 이해를 돕도록 하였습니다. 본문의 내용만으로도 이해가 충분하나 역사를 깊이 알고자 하는 어린이나 청소년들을 위하여, 또 앞으로 중학교·고등학교에 진학하여서 배우게 될 역사를 미리 제시합니다. 본문의 가장자리에 '낱말 풀이' 란을 만들어 이순신 장군과 관련된 역사적인 사건이나 인물, 사물 등의 생소한 용어를 깊이 풀이하였습니다. 이는 어린이들에게는 다소 어렵게 느껴질 수도 있으나 상급학교에 진학하였을 때 어렸을 때의 읽었던 기억의

연상작용으로 훨씬 쉽게 다가올 것입니다. 또한 역사를 공부할 때 사전 역할을 하게 되어 평생 곁에 두고 볼 수 있습니다.

02 〈산 따라 강 따라〉에서는 기존의 위인전처럼 위인의 일대기를 다룬 내용에서 그치지 않고 위인과 관련된 역사적인 현장을 체험학습할 수 있는 장이 마련되어 있습니다. 교통편이나 둘러보아야 할 것, 다양한 사진 자료 등을 통하여 위인과 연관된 모든 역사적인 것을 자신의 것으로 만들 수 있게 하였습니다.

03 〈생각과 표현〉에서는 단순한 읽기가 아닌 생각과 표현을 키우는 장이 마련되어 있습니다. 논술 능력은 학습하여 얻는 것이 아닙니다. 논술은 어렸을 때부터 많은 책을 읽고, 자신의 생각과 표현을 정리하는 것에서부터 시작됩니다. 곧 습관이 논술 능력을 좌우하게 됩니다. 현재 학교에서 논술을 담당하고 계신 선생님의 출제로 자신의 생각을 기를 수 있도록 하였습니다. 답안이 제시되어 있어 자신의 생각과 비교해볼 수 있도록 하였습니다.

100권의 책을 읽었다고 자랑하기보다는 한 권의 책이라도 정독을 하고 그 내용을 자신의 것으로 만드는 것이 더 중요합니다. 이 책을 통하여 성웅聖雄 이순신과 그가 살았던 시대, 역사적인 사건, 그로 인한 사회·역사적 변화 등 총체적인 역사를 깊이 있게 알게 되기를 바랍니다.

01
성웅聖雄 이순신

1. 전쟁놀이

　오늘도 이순신李舜臣은 아랫마을 아이들과 편을 나누어 전쟁戰爭놀이를 하고 있었다. 윗마을의 장군인 순신은 놀이에 앞서 아이들의 활과 화살, 그리고 나무로 만든 칼을 일일이 점검點檢하였다.
　"자네 칼은 날이 무디군. 그동안 무기 손질을 게을리했군."
　어른들 말투를 흉내내는 순신의 목소리에서 제법 위엄이 풍겨져 나왔다.
　"이봐, 자네 활시위는 너무 늘어졌군. 다음부터는 준비를 철저히 하게나."
　"예, 장군님!"
　순신은 아이들의 부족한 준비에 대해 하나하나 지적했다. 그런 다음 아이들을 너럭바위 아래 숨게 하고, 적군인 아랫마을 아이들의 움직임을 살폈다. 아랫마을 아이들은 나무 뒤에 몸을 숨긴 채

> **너럭바위**
> 넓고 평평한 큰 돌.

꼼짝도 하지 않고 있었다.

"아랫마을 아이들이 모두 나무 뒤에 숨어 있다. 자, 건너편 숲으로 돌진!"

순신이 명령하자 아이들은 '와' 하는 소리와 함께 몰려나갔다. 아이들은 한바탕 신나게 칼싸움을 벌였다. 누가 이길지 모르는 팽팽한 싸움이었다. 하지만 시간이 지날수록 아랫마을 아이들은 순신이 이끄는 아이들을 당해낼 수가 없었다. 그래서 아랫마을 아이들은 큰길 건너에 있는 마을 쪽으로 도망치기 시작했다. 순신은 자신이 이끄는 아이들을 격려하며 아랫마을 아이들을 뒤쫓았다.

"한 명도 남기지 말고 모두 무찔러라!"

마을로 내려가기 위해서는 큰 길을 건너야만 했다. 아랫마을 아이들이 길을 건너 도망치고, 순신이 이끄는 아이들이 길을 건널 때였다. 그때 마침 지체 높은 사람이 그 길로 행차行次하고 있었다. 아이들은 길을 건너지 못하고 멈칫거렸다. 그러자 순신이 나서서 길을 가로막았다. 가마를 호위하던 이가 순신을 향해 호통을 쳤다.

"네 이놈, 이분이 누구신 줄 알고 감히 앞을 가로막는 게냐?"

그러자 순신은 눈을 부릅뜨며 말했다.

"어르신이 누구신지는 모르겠지만, 저희들은 나라의 운명運命을 좌우하는 전쟁을 치르는 중입니다. 어르신이 지나가는 길이 급하겠습니까, 나라의 앞날이 급하겠습니까?"

"이런 맹랑한 놈을 보았나? 감히 누구 앞에서 대꾸를 하느냐?"

순신은 나무로 만든 칼을 높이 들며 말했다.

지체
어떤 집안이나 개인이 사회에서 차지하고 있는 신분이나 지위를 말함.

행차
윗사람이 차리고 나서서 길을 가는 것, 또는 그때 이루어진 대열 등을 가리킴.

운명
앞으로의 생사, 또는 존망에 관련된 처지.

"제 칼을 받으시겠습니까, 아니면 저희에게 길을 양보하시겠습니까?"

이때 지체 높은 어른이 앞으로 나섰다.

"너는 지금 전쟁놀이 중이렷다?"

"예, 그렇습니다."

"그런데 한갓 놀이 때문에 내 길을 가로막으려 하느냐?"

"우리나라는 외적外敵의 침입侵入을 많이 받아 왔습니다. 비록 놀이일지라도 저희들은 지금 외적의 침입으로부터 나라를 구하고 있는 중입니다. 외적을 무찔러야 백성들이 편안히 생활을 하지 않겠습니까?"

외적
외국(외부)으로부터 쳐들어 오는 적

순신의 말에 지체 높은 어른이 고개를 끄덕이며 말했다.

"그래, 너의 아버지는 어디에 사는 누구시냐?"

"뱀밭골에 사는 이 정 자를 쓰십니다."

"음, 어린아이들의 놀이라지만 너의 뜻이 가상하구나. 여봐라, 이 아이들이 먼저 갈 수 있도록 옆으로 비켜서라."

이순신의 당당함과 바른 주장에 어른도 양보를 했던 것이다.

아랫마을 아이들과의 싸움에서 승리한 순신은 의기양양意氣揚揚하여 집으로 향했다. 그러나 대문 앞에서는 아버지가 차가운 눈초리로 순신을 기다리고 계셨다.

의기양양
뜻한 바를 이루어 만족함이 얼굴에 나타난 모양.

"내 방으로 오너라."

원래 순신의 아버지는 자식들에게 드러내놓고 애정愛情을 표현하는 성격은 아니었지만 그렇다고 항상 엄격하기만 한 분도 아니었다. 순신은 평소와 달리 차가운 아버지의 태도態度에 겁이 나서 입술이 타들어갔다. 형들을 쳐다보아도 입을 굳게 다물고 있어 답답할 뿐이었다.

"소자小子 순신이옵니다."

순신은 사랑방 밖에서 인기척을 낸 뒤 조심스럽게 문을 열고 안으로 들어갔다. 평소 깔끔한 아버지의 성격대로 책상 위의 책이 가지런히 정돈되어 있었다. 아버지는 아랫목에 꼿꼿하게 앉아 계셨다. 깊은 생각에 잠기신 듯 눈을 감고 있었다.

"게 앉아라."

순신은 조심스레 무릎을 꿇었다.

"내가 왜 너를 불렀는지 그 이유를 알겠느냐?"

"………."

"무슨 일로 불렀느냐고 묻지 않느냐?"

아버지는 고함을 치시며 감고 있던 눈을 번쩍 떴다.

"짐작되는 것은 있지만……."

이순신은 뒷말을 잇지 못한 채 아버지를 올려다보았다. 아버지의 얼굴은 노여움으로 가득했다. 그런 모습은 처음이었다. 성격이 대담한 순신이었지만 가슴이 방망이질 쳤다.

"잘못한 줄은 알고 있다는 말이냐? 죄를 저지르는데 알고 하는 것과 모르고 하는 것은 큰 차이가 있는 것이니라."

순신은 고개를 숙이고 아버지의 처분處分만 기다렸다.

"요신이 밖에 있거든 회초리 가져오너라."

소자
아들이 부모에 대하여 자기를 낮추어 이르는 말.

사랑방
집의 안채와 떨어져 있고, 바깥주인이 거처하며 손님을 접대하는 곳으로 쓰는 방.

인기척
사람이 주변에 있음을 알 수 있도록 하는 소리나 기색.

처분
일정한 대상을 어떻게 처리할 것인가에 대하여 지시하거나 결정함.

순신의 집에는 항상 회초리가 준비되어 있었다. 자식들의 잘못이 있으면 따끔하게 야단을 치기 위해서였다. 아버지의 말이 떨어지기가 무섭게 순신의 형 요신이 삼베 보자기로 싼 회초리 다발을 가지고 들어왔다. 아버지는 다시 한번 물었다.

"무엇을 잘못했는지 안단 말이렷다?"

"예!"

순신은 짧게 대답하였다.

"이런 녀석을 보았나? 그럼 어디 너의 잘못을 말해 보아라."

　순신은 잠시 숨을 들이마셨다. 어른에게 함부로 말대꾸를 하는 것이 유교儒敎 예절禮節에 어긋나는 것이지만, 아버지의 걱정을 덜어드려야겠다는 생각이 들어 입을 열었다.

"제 잘못은 서당書堂을 빼먹은 것입니다."

"그래, 서당은 왜 빼먹었느냐?"

"공부工夫라는 것이 꼭 어려서만 하는 것은 아니라고 생각합니다. 살아 있는 동안은 평생 공부를 해야 한다고 생각합니다. 공자孔子님의 제자인 안회顔回도 죽을 때까지 공부를 하였지만 뜻을 이루지는 못했다고 들었습니다. 어려운 환경環境에서도 공부할 수 있는 방법은 얼마든지 있습니다. 반딧불을 이용한다든지, 달빛에 비추어 책을 읽을 수도 있습니다……."

"도대체 무슨 말을 하고 있는 게냐?"

"꼭 서당에서만 공부하는 것은 아니라는 뜻입니다. 저는 친구들과 어울려 놀면서도 시간을 내어 오늘 해야 할 양의 공부를 다 하

유교
중국 공자를 시조로 하는, 정교일치(政敎一致)의 학문을 받드는 교. 현세의 삶을 내세(來世)의 삶보다 강조하며, 인(仁)을 매우 중요시함.

서당
글방.

공자
BC 552~BC 479년. 중국 춘추시대의 사상가, 학자. 유교의 시조.

안회
중국 춘추시대(春秋時代) 노(魯)나라의 현인 공자가 가장 신임하였던 제자. '예가 아니면 보지도 말고, 듣지도 말고, 말하지도 말고, 행동하지도 말아야 한다.'는 공자의 가르침을 일생 동안 지켰다.

사서
중국 7대 고전(古典) 중 유교의 경전인 〈논어論語〉, 〈맹자孟子〉, 〈중용中庸〉, 〈대학大學〉을 통틀어 이르는 말.

논어
유교 경전인 사서(四書)의 하나. 공자와 그의 제자들의 언행을 적은 것으로, 공자 사상의 중심이 되는 효제(孝悌)와 충서(忠恕) 및 '인(仁)'의 도(道)에 대하여 설명하고 있다.

맹자
사서의 하나. 맹자의 언행이나 사상을 기록한 책.

명심보감
조선시대에, 어린이들의 인격 수양을 위한 한문 교양서.

예기
유교의 경전으로 오경(五經: 시경, 서경, 주역, 춘추, 예기)의 하나. 예(禮)에 관한 해설과 이론을 서술한 책.

노략질
떼를 지어 돌아다니며 사람을 해치거나 남의 재물을 강제로 빼앗는 짓

였습니다."

"그래, 형 요신이는 벌써 '사서四書'를 다 끝냈다. 너는 어디까지 읽었느냐?"

아버지는 순신이 또박또박 자신의 뜻을 말하자 대견하기도 하고, 한편으로는 괘씸하기도 하였다.

"소자는 《논어論語》, 《맹자孟子》를 다 마쳤습니다."

"그렇다면 어디 물어보자꾸나. 《명심보감明心寶鑑》의 아홉 번째가 무슨 편이지?"

"학문을 부지런히 하라는 '근학勤學편' 입니다."

"그렇다면 그 가운데 《예기禮記》에서 빌어다가 쓴 구절을 말해 보아라."

"《예기》에 이르기를, '옥불탁 불성기 인불학 부지의玉不琢 不成器 人不學 不知義' 라 했습니다. 즉 옥을 다듬지 않고서는 그릇을 만들 수가 없고, 사람은 배우지 않고서는 의義를 알지 못한다고 하였습니다."

"책을 읽었다니 알 것이다만, 사람은 배우지 않으면 옳은 일을 할 수가 없느니라. 그래서 서당엘 가야 하는 것이다. 전쟁놀이 같은 건 천한 사람들이나 하는 짓이니 두 번 다시 이런 일은 없도록 해야 한다. 알겠느냐?"

"아버지, 송구스럽지만 한 말씀만 여쭙겠습니다. 만약 우리나라에 외적이 쳐들어와 노략질을 한다면 천한 사람만 나가서 싸워야 합니까? 글을 읽는 선비도 나가서 싸워야 하지 않겠습니까?"

아버지는 순신의 말에 할 말을 잃었다. 나이는 어리지만 생각은 어른을 뺨치는 아이였기 때문이었다.

"그래, 네 말도 맞는 말이다. 하지만 서당을 빼먹은 것은 분명 잘못한 일이다. 부모의 마음을 편하게 하는 것도 효도孝道이니라. 그런데 네가 서당을 빼먹어 부모의 마음을 불편하게 했으니 잘못이 크다고 아니할 수 없다. 그러니 어서 종아리를 걷어라!"

순신은 더 이상 말을 잇지 못하고 종아리를 걷고 아버지 앞에 섰다. 아버지의 매운 회초리가 순신의 종아리를 휘감았다.

하나, 둘, 셋, 넷, 다섯…….

순신은 회초리가 종아리에 닿을 때마다 숫자를 세었다.

"앞으로는 오직 글 읽는 데만 힘써야 한다. 알겠느냐?"

"예, 알겠습니다."

순신은 다리를 절뚝거리며 사랑방에서 나왔다. 그때 마당으로 그림자 하나가 성큼 들어섰다.

"순신아!"

어머니 변씨 부인이었다. 아버지에게 야단맞는 것이 안쓰러워 순신이 사랑방에서 나오기를 기다리고 있었던 모양이었다.

"안방으로 들어가거라."

방 안에는 바느질감이 어지럽게 널려 있었다. 벼슬에 뜻이 없는 아버지는 글을 읽으며 학문에만 힘을 쏟았다. 그러니 집안 형편은 어려울 수밖에 없었다. 어머니의 바느질삯으로 근근이 생활하고 있었지만 어머니는 그런 아버지를 한 번도 원망한 적이 없으셨다.

잠시 후 어머니가 방으로 들어왔다. 어머니의 손에는 수건과 나무함지가 들려 있었다.

"순신아, 이리로 누워 다리를 뻗어라."

순신이 누워서 다리를 뻗자 어머니가 조심스럽게 바지를 걷어 올렸다.

"쯧쯧, 얼마나 아팠을까!"

어머니는 차가운 물수건으로 순신의 종아리를 감싸며 물었다.

"순신아, 아버지가 원망스럽느냐?"

"아닙니다."

"옛말에 미운 자식에게 떡 한 덩이 더 주고, 예쁜 자식에게 매 한 대를 더 준다고 하지 않았느냐. 손가락을 깨물어 안 아픈 손가락이 어디 있겠느냐?"

"어머니, 소자가 잘못하여 부모님께 걱정을 끼쳐드렸는데 무엇 때문에 아버지를 원망하겠습니까? 모든 것이 소자를 잘 되라고 하시는 것인데요."

"그렇게 생각하다니 기특하구나."

종아리의 통증이 많이 가라앉은 듯하여 순신은 자리에서 일어났다.

"어머니, 앞으로 더욱 잘하겠습니다."

순신은 안방에서 물러나와 자기 방으로 돌아와 자세를 똑바로 하고 앉았다. 언제부터인가 순신은 잠자리에 들기 전에 눈을 감고 하루를 반성하는 버릇이 생겼다. 눈을 감자마자 자신을 야단치시던 아버지의 얼굴이 떠올랐다. 순신은 눈을 뜨고 벌떡 일어났다.

방문을 열자 어느새 달빛이 툇마루에 은가루처럼 깔려 있었다. 그 마루 끝에 며칠 걸려 만든 소중한 활과 화살이 있었다. 순신은 심호흡을 크게 한 뒤 그것을 두 동강으로 꺾어 버렸다.

　'이제부터는 글공부에 모든 힘을 기울일 것이다. 전쟁놀이는 어린애들이나 하는 짓이다. 부지런히 학문學問을 쌓고 제대로 무예武藝를 익혀 훌륭한 장수가 되어야지.'

　순신은 가슴에 손을 모으고 결심했다.

무예
무도에 관한 재주.

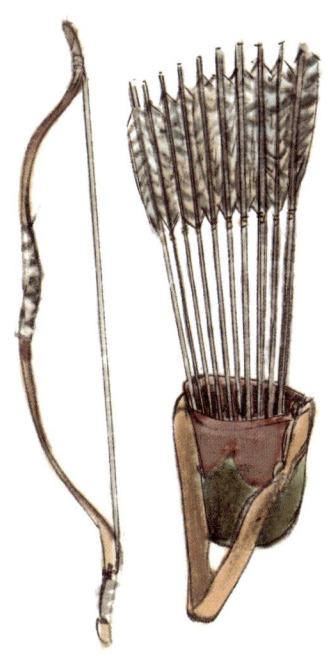

| 조선시대 이야기 | 01

서당書堂에서는 무엇을 배웠을까요?

김홍도의 〈서당도〉

오늘날 우리나라의 교육제도는 누구나 중학교까지는 의무적으로 교육을 받아야 하며, 고등학교 이후의 교육은 개인의 노력과 경제적 능력에 의하여 좌우되는 것이 보편적입니다.

그럼 옛날에는 어땠을까요?

우리나라에 대학이 처음 생긴 것은 고구려 소수림왕小獸林王 2년(372년)에 세워진 태학太學입니다.

오늘날의 거센 교육 열풍은 이러한 오랜 전통 위에서 생겨난 것이라 할 수 있지요. 후에 신라의 국학國學, 발해渤海의 주자감, 고려의 국자감國子監처럼, 국가에서 세운 고등 교육기관은 있었으나, 오늘날의 초등 교육기관의 구실을 하는 것은 거의 없다시피했습니다.

초등 교육기관에 대한 기록으로는 송나라 서긍(송나라 사신의 수행자였음)이 지은 《고려도경高麗圖經》에 나오는데, 그 내용은 '마을의 거리에는 경관과 서사가 두셋이 서로 바라보이며, 결혼하지 않은 남자아이가 무리로 모여 선생님에게 경전을 배우고, 조금

성장하면 벗을 택하여 절에 가서 공부하고, 아래로는 조그만 아이들이 역시 향선생에게 배운다.'라고 되어 있으니, 당시 서당이 흔해 지방의 아이들 교육을 담당하고 있음을 알 수 있습니다.

이 서당은 조선시대에 들어와서 더욱 많이 보급되었는데, 국가로부터 설립이나 폐지에 아무런 규제가 없었기 때문일 것입니다.

서당은 글자를 해득하고 독해력을 길러 기초지식을 얻는 곳으로 읽기와 쓰기, 그리고 글짓기를 배웠습니다. 읽기는 《천자문》을 시작으로 《동몽선습》, 《명심보감》, 《통감》 정도이나 선생님의 능력에 따라 《소학》, '사서삼경', 《사기》까지 배우는 경우도 있었습니다.

쓰기는 해서(楷書, 정글자), 행서(行書, 반흘림글자), 초서(草書, 흘림글자)를 익혔고, 글짓기는 작문, 5언절구의 글쓰기를 익히나 규모가 작은 서당은 하지 않는 곳도 있었습니다.

서당에는 오늘날의 선생님인 훈장訓長, 학생 중 나이가 많거나 학력이 우수한 자가 맡는 오늘날의 반장과 비슷한 접장接長, 그리고 학생인 학도學徒가 있었습니다.

선생님은 학생에게 강제로 공부시키는 주입식과 암기 위주의 방법을 썼는데 김홍도가 그린 〈서당도〉에 보면 선생님으로부터 회초리로 호되게 종아리를 맞아 우는 아이의 모습이 나옵니다. 그 그림으로 보면 선생님이 굉장히 강하고 엄했던 듯하며, 학생들은 선생님을 무서워하고 감히 접근하기 어려운 사람으로 알았을 것입니다.

사제師弟지간이 마냥 어려운 것도 좋지 않겠지만 정이 돈독하지 못한 오늘날의 현실이 참으로 가슴 아픈 일입니다.

소수림왕 고구려 제17대 왕(재위 371~384년). 태학(太學)을 세워 제자를 가르쳤으며, 율령(律令)을 반포하였다. 375년, 초문사(肖門寺)를 지어 스님 순도를 머물게 하고, 또 이불란사(伊弗蘭寺)를 세워서 아도(阿道)를 주지로 삼으니, 이것이 우리나라 불교의 시초가 되었다. 왕세자가 없었으므로 동생 이련(伊連)에게 대를 물렸다.

태학 고구려 때의 교육기관. 372년 전진(前秦)의 영향을 받아 중앙에 설치한 국립학교. 경학·문학·무예 등을 교육하였으며, 상류계급의 자제(子弟)만 입학이 허용되었다.

국학 신라시대의 교육기관. 김춘추가 당나라에서 보고 온 이후 682년 6월에 우리나라 최초의 국학이 세워졌다.

발해 고구려의 장수 대조영(大祚榮)이 698년에 세운 나라로 926년에 거란족의 침입으로 멸망함. 만주 동부, 연해주, 한반도 북부에 걸쳐서 존속했던 나라.

국자감 고려 때의 교육기관. 태조 때 경학(京學)이라는 것이 있었으나 성종이 992년에 경학을 국자감으로 개편하였다.

고려도경 고려시대에 송나라 사신 서긍(徐兢)이 고려에 와서 보고 들은 것을 기록한 책

사제 스승과 제자를 아울러 이르는 말.

2. 큰 뜻을 세우다

한성
1308년(충렬왕 34년)부터 한양부(漢陽府)로 불리던 수도가 1395년(태조 4년)에 한성부(漢城府)로 불리게 되었다. 그 후 1910년에 경성부(京城府)로, 1945년에 서울시(市), 1946년에 서울특별시로 불리게 되어 오늘에 이른다. 그러나 일반적으로 신라 때부터 서울로 불리었다.

녹
벼슬아치에게 일 년 또는 계절 단위로 나누어 주던 금품을 통틀어 이르는 말. 쌀, 보리, 명주, 베, 돈 따위가 포함된다.

가문
집안 또는 그 집안의 사회적 지위.

모함
나쁜 꾀로 남을 어려운 처지에 빠지게 함.

관직
국가로부터 위임받은 관리의 직무. 또는 그 지위를 말함.

가세
집안의 운수나 살림살이 따위의 형세.

한성漢城 건천동에 한 선비가 살았다. 이정李貞이란 이름을 가진 선비는 대대로 나라의 녹祿을 먹던 가문家門의 사람이었다. 그러나 아버지 이백록李百祿이 억울하게 모함謀陷을 받고 세상을 떠난 후부터는 관직官職에 뜻을 두지 않고 학문에만 힘썼다. 그러다 보니 가세家勢는 나날이 기울었고, 집안 살림은 자연히 아내 변씨의 몫이 되었다.

그러던 어느 화창한 봄날이었다. 만삭이 된 이정의 아내 변씨는 간밤에 꾼 꿈을 생각하며 고개를 갸웃거렸다. 그 모습을 보고 있던 이정이 변씨에게 영문을 물었다.

"왜 자꾸 고개를 갸웃거리는 거요? 도대체 무슨 일이오?"

"어젯밤 꿈에 아버님이 나타나셔서 귀한 아이를 낳을 것이라 하셨습니다."

"그건 길몽吉夢이지 않소?"

"아버님께서 아이의 이름을 순신이라 지으라 하셨습니다."

"둘째는 요신, 셋째는 순신이라. 중국이 가장 살기 좋았던 때를 두고 요순堯舜시대라 하지 않소. 아주 좋은 이름인 듯하오. 아들을 낳으면 이순신이라 지읍시다."

이정은 변씨의 손을 꼭 잡았다.

1545년(인종 1년) 4월 28일(음력 3월 8일), 한성의 마르내골(건천동-오늘날의 서울시 중구 초동) 이정의 집에선 우렁찬 사내아이의 울음소리가 터져 나왔다. 이정과 초계 변씨 사이에서 셋째로 태어난 순신의 위로는 희신羲臣과 요신堯臣의 두 형이 있었다. 중국의 삼황三皇 중의 한 명으로 짐승을 길들였고, 백성들에게 음식을 익혀 먹는 법, 낚시로 물고기 잡는 법, 철로 만든 무기로 사냥하는 법 등을 가르친 복희伏羲의 '희'자를 따서 첫째의 이름은 희신, 요신과 순신은 중국에서 가장 태평성대太平聖代를 이루었던 요순시대의 두 임금의 앞 글자를 따서 지었던 것이다. 그리고 몇 년 후에는 순신의 아우 우신禹臣이 태어났다.

이정은 얼른 고추와 솔가지를 새끼줄에 끼워 금줄을 만들어 대문에 걸었다.

이때 지나가던 스님이 금줄을 보고는 이정에게로 다가왔다.

"사내아이가 태어난 모양입니다."

"예, 셋째입니다."

스님은 손가락으로 열심히 셈하더니 이정에게 말했다.

길몽
좋은 징조의 꿈.

요순시대
중국 고대의 요임금과 순임금이 다스리던, 매우 태평한 시대를 말함. 두 임금 모두 덕으로 나라를 다스려 백성들이 그 어떤 때보다도 살기 좋았다 함.

삼황
중국 전설상의 삼황으로는 복희씨, 신농씨, 수인이라는 설도 있고, 천황(天皇)·지황(地皇)·태황(泰皇)이라는 설, 천황·지황·인황(人皇)이라는 설, 그리고 기타 이외의 설도 분분하다.

복희
3황(三皇)의 첫머리에 꼽히는 중국 전설상의 제왕. 복희(宓羲)·포희(庖犧)라고도 한다. 정식 이름은 태호(太昊). BC 29세기에 뱀의 몸을 가지고 신(神)과 같이 신비스럽게 태어났다고 전한다.

태평성대
어진 임금이 나라를 잘 다스리어 태평한 세상이나 시대.

금줄
부정한 것의 침범이나 접근을 막기 위하여 문이나 길어귀에 건너질러 매거나 신성한 대상물에 매는 새끼줄. 아기를 낳았을 때, 장 담글 때, 잡병을 쫓고자 할 때, 신성 영역을 표시할 때에 사용한다. 금줄이 있는 곳은 사람이 함부로 드나들지 못했다.

> **명장**
> 훌륭하여 이름이 널리 알려진 장수.
>
> **관리**
> 관직에 있는 사람.

"이 아이는 분명 50세 이전에 나라를 지키는 **명장**名將이 될 것입니다."

스님의 말에 이정은 기분이 상했다.

"스님, 그런 말씀 마십시오. 이 아이는 장군보다는 나랏일을 돌보는 **관리**官吏로 키울 생각이오."

사실 이정은 순신의 할아버지 대에 끊어진 집안의 벼슬길을 자식들이 이어 기운 집안을 일으켜주길 바랐다. 그런데 별안간 스님이 장군이 된다고 하니 언짢을 수밖에 없었던 것이다.

세월은 쏜살같이 흘러 어느새 순신은 여덟 살의 씩씩한 소년으로 성장成長했다.

> **유성룡**
> 1542~1607년. 관찰사 이중영(李仲郢)의 아들로 어려서 퇴계 이황으로부터 학문을 수학하였으며, 1567년 문과에 급제하였다. 영의정 등의 벼슬을 하였다.

그 무렵 순신은 자신보다 세 살 더 많은 **유성룡**柳成龍이라는 아이와 형제처럼 친하게 지내고 있었다.

"순신아, 우리 집 살구나무에 살구가 주렁주렁 열렸어. 내가 몰래 흔들 테니까 네가 밑에서 주워."

성룡은 자신의 집 뒤꼍에 있는 큰 살구나무 위로 올라가더니 나뭇가지를 흔들었다. 잘 익은 살구가 후두두둑 떨어져 내렸다. 그런데 나무 아래 있는 순신은 도통 살구를 줍지 않고 생각에 잠겨 있었다.

"순신아, 뭐하는 거야? 얼른 살구를 줍지 않고!"

순신은 살구나무 위에 있는 성룡을 쳐다보며 말했다.

"형, 난 말이지. 도둑질은 싫어. 아무리 형네 거라도 말이야."

"뭐?"

성룡은 잠시 의아했다. 하지만 곧 순신이 왜 그러는지 이해하게 되었다.

"그래, 네가 무슨 말을 하는지 알겠다. 일단 떨어진 살구를 주워 가지고 우리 아버지께 가서 용서를 빌자."

성룡은 순신을 데리고 곧장 아버지 앞에 가 살구를 내어놓았다. 무슨 영문인지 알지 못하는 성룡의 아버지는 눈이 휘둥그레져서 물었다.

"무슨 일이냐? 이 살구는 또 무엇인고?"

"아버지, 죄송합니다. 제가 오늘 아버지의 눈을 속이고 친한 동무와 함께 이 살구를 먹으려고 했습니다. 하지만 순신이는 아버지의 눈을 속이며 딴 살구는 먹지 않겠다고 했습니다. 저는 순신이의 말을 듣고서야 제 잘못을 깨달았습니다. 아버지, 부디 저를 용서해 주십시오."

아버지는 아들의 말에 빙그레 웃으며 말했다.

"그래, 우리 성룡이가 순신이 덕에 좋은 것을 깨달았구나. 고맙다, 순신아. 이 살구는 네 정직함에 대한 보답報答이라 생각하고 둘이 나눠 먹으렴."

보답
남의 호의나 은혜를 갚는 일

기분이 좋아진 성룡은 순신을 데리고 자기 방으로 갔다. 그런데 웬일인지 순신의 낯빛이 어두워 보였다.

"순신아, 무슨 일 있니?"

성룡은 순신의 눈치를 살피며 조심스레 물어보았다.

"사실은 형, 우리 곧 아산으로 이사를 간대."

"뭐, 정말? 왜?"

성룡은 눈을 동그랗게 뜨고 순신을 바라보았다.

"집안에 사정이 생겨서 외가가 있는 아산의 뱀밭골로 내려가게 됐어."

순신의 말에 성룡도 시무룩해졌다. 하지만 이내 밝은 표정을 지으며 순신의 손을 잡았다.

"그래, 순신아! 난 우리가 이렇게 헤어져도 먼 훗날 꼭 다시 만날 거라 생각해. 그러니까 각자 어디에 있든지 열심히 공부하고 부모님께 효도하자."

성룡의 말에 순신도 손을 맞잡았다.

유성룡은 임진왜란 때 영의정과 도제찰사로 있으며 임금을 가장 가까이에서 모시면서 나라의 위기를 극복한 사람이었다. 원래 고향은 경상북도 안동의 풍산이었지만 아버지 유중영柳仲郢이 한성에서 벼슬을 하여 현재의 서울 필동 근처인 묵사동에서 살았다. 유성룡은 4세 때 이미 《대학大學》을 읽을 정도로 학문이 높았던 아이로 이순신을 동생처럼 보살폈다. 이 인연으로 후에 이순신이 유성룡의 추천을 받아 벼슬을 하고, 어려운 처지에 놓였을 때 힘이 되어 주기도 하였다.

성룡과 헤어진 순신은 외가가 있는 충남 아산 뱀밭골(백암리)로 이사를 하였다. 순신은 차차 그곳을 고향처럼 여기게 되었다. 아산으로 내려와 친구들과 함께 전쟁놀이에 몰두하던 순신은 아버지에게 호되게 야단을 맞고 난 후부터는 두 형과 함께 서당에 다니며 열심

유중영
1515~1573년. 자는 언우(彦遇), 호는 입암(立岩). 본관은 풍산(豊産). 중종 때 과거에 급제하여 좌부승지·황해도 관찰사·승지를 지냈다.

대학
유교 경전인 사서(四書)의 하나.

호되다
매우 심하다.

히 학문을 닦았다. 서당 훈장도 '하나를 가르쳐 주면 열을 깨우친다.'고 칭찬하며 순신을 특별히 아꼈다.

명종明宗 21년인 1566년, 조선에는 오랫동안 큰 전쟁이 없었다. 그 때문에 양반들은 학문만 높이 평가하여 문관文官을 중요시 여기고, 말을 타고, 활을 쏘며, 군사를 부리는 무관武官은 하찮게 여기기 시작했다. 그러니 무관을 지원하는 사람들이 적어 군사력은 약할 대로 약해져 있었다. 그런 가운데 이순신은 무관이 되기로 결심을 굳히고 이를 아버지께 아뢰기에 이르렀다. 그의 나이 스물두 살 때의 일이었다.

"뭐라고, 서당을 그만두겠다고?"

"예, 그러하옵니다. 저는 문관보다는 무관이 제게 더 잘 맞는 듯하옵니다."

"사대부 집안에서 태어나 서당에 다니지 않겠다니, 그게 대체 무슨 소리냐?"

아버지는 순신의 갑작스런 결심이 믿어지지 않는 모양이었다. 두세 번 되물으셨다.

"아버지, 서당을 그만둔다고 해서 학문을 그만두는 것도, 게으름을 피우겠다는 것도 아니옵니다. 제 나름대로 뜻한 바가 있어 서당을 다니지 않겠다는 말이옵니다."

"뜻한 바라니?"

"조선은 예부터 문관과 무관이라는 두 개의 바퀴로 움직였습니다. 문관은 중국의 성리학性理學을 받아들여 우리나라의 실정에 맞

명종
조선 제13대 왕(1534~1567년). 이름은 환(峘), 자는 대양(對陽). 중종의 둘째 아들로 12세에 즉위하여 재위 중 을사사화, 을묘왜변을 겪었다. 재위 기간은 1545~1567년.

문관
문과 출신의 관리.

무관
군에 적을 두고 군사 일을 맡아보는 관리.

군사력
병력·군비·경제력 따위의 전쟁을 수행할 수 있는 종합적 능력.

사대부
벼슬이나 문벌이 높은 집안의 사람.

성리학
중국 송나라·명나라 때에 성했던 유학의 한 계통. 남송(南宋)의 주희(朱熹)가 집대성하였다. 이기설(理氣說)과 심성론(心性論)에 입각하여 격물치지(格物致知)를 중시하는 실천 도덕과 인격과 학문의 성취를 역설하였다. 우리나라에는 고려 말기에 들어와 조선의 통치 이념이 되었고, 길재·정도전·권근·김종직에 이어 이이·이황에 이르러 조선 성리학으로 체계화되었다. =도학·주자학.

게 발전시켰을 뿐만 아니라, 세종世宗 때에는 한글을 만드는 등의 큰 업적을 이루었습니다. 한편 무관은 무관대로 압록강과 두만강에 살고 있는 여진족을 토벌하여 나라의 땅을 넓혔습니다. 나아가 쓰시마 섬을 정벌하여 왜구를 무찔렀으며, 중종中宗 때에는 우리나라에서 소란을 피우는 왜구를 다스리면서 나라 안팎의 어려움을 이겨냈습니다.

그런데 지금은 무관이 제 역할을 하지 못해 북쪽으로는 여진족女眞族에게, 남쪽으로는 왜구에게 노략질을 당하고 있습니다. 그런데 모든 사람들이 오직 학문에만 치중하여 문관만 고집한다면, 외적이 침입했을 때 이 나라는 누가 지키고, 백성은 누가 구하겠습니까?"

순신의 말에 아버지는 고개를 끄덕였다. 그렇지만 아버지로서 쉽게 허락할 수 있는 일이 아니었다.

"하지만 순신아, 문관과 무관은 엄청난 차별대우를 받고 있음을 너도 잘 알 것이다. 이 아비는 너희 형제들 중에서 학문에 가장 뛰어난 네가 문관이 되어 우리 집안을 다시 일으켜주기를 바라고 있었는데……."

아버지는 긴 한숨을 내쉬며 창 너머로 먼 산을 바라보셨다. 아마 돌아가신 할아버지와 지긋지긋한 가난 등을 생각하시는 듯했다.

그런 아버지를 바라보는 순신도 바늘방석에 앉은 듯한 기분이었다. 그렇다고 자신의 뜻을 꺾을 수도 없었다.

얼마나 시간이 흘렀을까? 아버지가 순신에게로 눈길을 돌리셨

세종
조선 제4대 왕(1397~1450년). 휘는 도(祹), 자는 원정(元正), 시호는 장헌(莊憲), 태종의 셋째 아들. 등극한 후 정음청을 두어 훈민정음을 창제하고, 집현전 설치하였다. 학자들로 하여금 유익한 책자 발행, 해시계·물시계·혼천의 등 과학기구를 발명하게 하였다. 내치·외교·문화 등 여러 방면에서 치적을 쌓아 후세 사람들의 존경과 사랑을 받는 성군이다. 재위 1418~1450년.

중종
조선 제11대 왕(1488~1544년). 휘는 역(懌), 자는 낙천(樂天), 성종의 둘째 아들. 즉위한 후 연산군의 폐정을 바로 잡고 내분을 잠재우려 노력하였으나 기묘사화 등 끊임없는 분쟁을 겪었다. 재위 1506~1544년.

여진족
수렵과 목축을 주로 하였으며, 10세기 이후 만주 동북쪽에 살던 퉁구스계의 민족. 한(漢)나라 때에는 읍루, 후위(後魏) 때에는 물길, 수나라와 당나라 때에는 말갈이라 하였다. 발해가 망한 후에 거란족의 요나라에 속하였다가 아골타(阿骨打)가 1115년에 금나라를 세웠으며, 17세기에 누루하치가 후금을 세웠는데, 뒤에 청나라로 발전하여 중국을 통일하였다.

바늘방석에 앉다
어떤 자리에 가만히 있기가 몹시 거북하고 불안하다.

다. 순신을 바라보는 두 눈이 촉촉하게 젖어 있었다. 하지만 그 어느 때보다도 따뜻하게 느껴지는 눈길이었다.

"순신아! 네가 뜻을 그렇게 세웠다니 더 이상 말리지는 않겠다. 하지만 남들보다 늦었으니 대신 두 배로 노력해야 한다. 아비의 말뜻을 알아듣겠느냐?"

"아버지……."

순신은 더 이상 말을 잇지 못하고 고개를 숙였다. 코끝이 찡하여 감사하다는 말씀도 드리지 못했다.

아버지의 방에서 물러나오자 아내가 근심스러운 얼굴로 마당을 서성이고 있었다.

"너무 걱정하지 마시오. 아버지도 허락하셨소."

그제야 방씨의 얼굴이 환해졌다.

"잘 되었사옵니다. 집안일은 제가 어떻게든 꾸려나갈 테니 서방님은 무예에 전념하세요."

방씨 부인은 보성군수 방진의 딸로 이순신이 20세(1565년) 때 그와 결혼하였다. 부인은 도량度量이 크고 작은 일에도 거리낌이 없는 시원시원한 성격이었다.

몇 해 전, 부인이 시집오기 전 친정집에 도둑이 든 적이 있었다. 도둑은 방진의 활 쏘는 솜씨가 뛰어나다는 것을 알고 방진의 노비와 짜고 화살을 모두 없애 버렸다. 도둑을 본 방진이 화살을 찾았다. 그러나 노비가 치워 버린 화살이 있을 리가 없었다. 방진이 당황하여 어찌할 바를 모르고 있을 때 방진의 딸은 베틀에 쓰이는 대

도량
사물을 너그럽게 용납하여 처리할 수 있는 넓은 마음과 깊은 생각.

베틀
삼베, 무명, 명주 따위의 옷감을 짜는 틀.

나무 가지를 한 아름 가져다가 방바닥에 쏟아놓으며 말했다.

"아버지, 여기 화살입니다."

바닥에 대나무 흩어지는 소리와 화살이라는 말에 놀란 도둑은 '걸음아, 날 살려라' 하고 도망쳤다.

이렇듯 위기를 슬기롭게 극복한 방씨였다.

순신은 아버지의 허락이 떨어지자 집 뒤에 위치한 방화산 꼭대기와 집 앞의 나지막한 야산의 평평한 능선棱線을 중심으로 말타기 연습을 하였다. 활쏘기는 집 앞 은행나무 아래에서 야산을 향해서 쏘았다. 그런데 북쪽을 향해서는 단 한 발도 쏘지를 않았다. 이를 기이하게 여긴 친구가 물었다.

능선
산등성이를 이어 쭉 내려뻗은 선

"왜 자네는 남쪽으로만 활을 쏘는가?"

"이 사람아, 어찌 임금이 계신 북쪽으로 활시위를 당긴단 말인가? 그래서 반대편으로만 활을 쏘는 거네."

순신의 말에 감탄한 친구는 벌어진 입을 다물지 못했다.

이렇듯 이순신은 큰 뜻을 세우고 꿈을 향해 달려가고 있었다.

이순신 장군이 활쏘기 연습을 했던 활터

| 조선시대 이야기 | 02

사서삼경四書三經은 무엇 무엇인가요?

유학儒學에서 배우는 교과서 중에서 가장 중요한 과목인 사서는 《논어論語》, 《맹자孟子》, 《대학大學》, 《중용中庸》을 말합니다.

《논어》는 공자孔子와 그 제자들의 문답 내용을 제자들이 엮은 책입니다. 이 책의 주된 내용은 사람은 어질게 행동해야 한다는 '인仁'을 강조하고 있습니다. 당나라 때 《효경》과 더불어 과거시험의 과목이 된 후 경서 중에서 1위로 꼽히고 있으며, 우리나라에서도 과거의 중요 과목이었습니다.

《맹자》는 공자가 말한 것에 자신의 뜻을 더하여 쓴 책으로, 이 책에서 맹자는 사람은 태어나면서 착하다는 '성선설性善說'을 주장하였습니다.

《대학》은 공자의 손자 자사子事가 지은 책입니다. 이 책은 학문을 하는 사람들이 어떤 차례로 책을 보아야 하는지를 설명하고 있습니다. 학문을 처음 시작하는 사람은 반드시 대학을 보라고 하였습니다.

《중용》은 공자의 손자인 자사가 지은 책이지만, 송나라 때에 주자周子가 설명을 덧붙여 '사서'의 하나가 되었습니다. 《중용》에서는 '성선설'에 바탕을 두고 사람이 이루어야 하는 것을 설명하고 있습니다.

조선시대 분청사기 문양

   삼경은 《시경詩經》, 《서경書經》, 《역경易經》을 가리킵니다.
   《시경》은 춘추시대의 민요를 중심으로 엮은 중국 최고의 시집입니다.
   《서경》은 공자가 요임금과 순임금 때부터 주나라에 이르기까지의 정치에 관한 문서를 수집하여 편찬한 책으로 송나라 때 주희朱熹가 해석을 붙여 쉽게 읽을 수 있도록 한 것입니다.
   《역경》은 미래에 대한 예측을 하는, 점을 치는 책입니다. 산가지를 이용하여 64가지의 궤를 만들어 미래의 운을 점쳤습니다.

성선설 사람의 본성은 선천적으로 착하나 나쁜 환경이나 물욕(物慾)으로 악하게 된다는 학설. 중국의 맹자가 주장하였다.
산가지 옛날에 수효를 셈하는데 사용하던 물건. 가는 대나무나 동물의 뼈 등으로 젓가락처럼 만들어 사용하였음.

3. 무과급제

훈련원
조선시대에, 군사의 시재(試才), 무예의 연습, 병서의 강습 따위를 맡아보던 관아. 세조 12년(1466년)에 훈련관을 고친 것으로, 순종 원년(1907년)에 한·일 신협약의 체결에 따라 해산되었다.

별과
나라의 경사가 있거나 특별한 일이 있을 때마다 임시로 보는 시험.

방방곡곡
한 군데도 빠짐이 없는 모든 곳.

내로라하다
'어떤 분야를 대표할 만하다.'는 뜻으로, 바로 나이로라 하고 자신함을 일컫는 말.

낙방
시험에서 떨어짐.

사청
조선시대 때 무과 시험장으로 쓰던 대청. 서울에서는 훈련원 대청을 이르던 말이다.

    무예를 연마한 지 여러 해가 지났다. 1572년(선조 5년) 8월, 드디어 이순신은 훈련원訓練院에서 주관하는 별과別科에 응시했다.
    이 시험은 양반은 물론이고 일반 백성들도 볼 수 있는 시험이라서 경쟁률이 매우 높았다. 방방곡곡坊坊曲曲에서 무예라면 내로라하는 사람들이 모여들었기 때문에 한 과목이라도 그르치면 낙방落榜이었다.
    먼저 활쏘기 시험이 시작되었다. 차례가 되자 이순신은 화살을 받아들고 활 쏘는 사청으로 갔다. 그리고 신중하게 첫 번째 시위를 당겼다. 화살은 정확하게 과녁 한복판에 명중하였다. 이순신은 마음을 가다듬은 뒤 이어 자신이 가지고 있던 네 개의 화살을 모두 과녁에 명중시켰다. 이를 본 사청 주위에 있던 사람들이 탄성을 질렀다.

"대단한 솜씨야!"

"맞아, 오늘의 장원壯元감이군!"

다음은 말타기였다. 이순신은 날쌔게 생긴 말을 골라 타고 채찍을 내리치며 쏜살같이 앞으로 내달렸다. 그런데 잘 달리던 말이 갑자기 울부짖으면서 앞발을 높이 쳐들었다. 그 바람에 이순신은 말에서 땅 위로 떨어지고 말았다. 이를 지켜본 사람들은 안타까운 마음에 혀를 찼다.

"아이고, 많이 다친 건 아닐까?"

"저런, 지금까지 가장 잘했는데…… 쯧쯧!"

말에서 떨어진 이순신은 일어나려고 했다. 그러나 다리가 말을 듣지 않았다. 아마 뼈가 부러진 듯했다.

'아, 얼마나 기다려온 시험인데……. 이대로 포기할 순 없어.'

이순신은 이를 악물고 일어났다. 그리고 근처에 있는 버드나무 가지를 꺾어 껍질을 벗긴 다음 줄기를 부러진 다리에 친친 감았다. 그리고 다시 말에 올라 시험을 마쳤다.

이러한 그의 행동을 지켜본 사람들이 박수를 보냈다. 그러나 이미 낙마落馬를 했기 때문에 합격과는 거리가 먼 일이었다.

집으로 돌아오니 부인 방씨가 걱정스러운 눈길로 쳐다보았다.

"많이 다치지는 않으셨어요?"

"괜찮소."

"다음에 더 좋은 기회가 있을 거예요."

"나보고 좀 더 노력하라는 뜻인 듯하오."

장원
시험에서 가장 우수한 성적으로 급제함. 또는 그런 사람.

낙마
말에서 떨어짐.

실패를 거울삼아 더욱 활쏘기와 말타기에 힘쓰기로 마음먹었다.

어느덧 4년이라는 세월이 흘렀다. 이순신은 32살의 나이로 식년무과式年武科에 응시하였다. 이때가 1576년(선조 9년)이었다.

"나는 이번이 벌써 다섯 번째야!"

"그래도 자넨 나보다 낫구먼. 나는 벌써 열 번째라네. 앞으로 아들놈과 함께 시험을 보러 올지도 모르네."

시험을 보러 오는 사람들은 저마다 자신의 처지에 대해 한마디씩 하였다.

이순신은 지난번과 같은 실수를 저지르지 않도록 침착하게 마음먹고 시험에 임했다.

시험이 끝나고 드디어 방榜이 붙었다. 이순신은 찬찬히 방을 읽어 나갔다.

식년무과
자(子), 오(午), 묘(卯), 유(酉) 등의 간지(干支)가 들어 있는 해로, 조선시대에서는 이 해에 호적을 조사하고, 과거 등을 실시하였음.

방
과거에 급제한 사람의 이름을 적은 책. 방목(榜目), 방문(榜文)의 준말.

······
병과 4등 이 순 신
······

드디어 합격한 것이었다. 비록 1등으로 합격한 것은 아니었지만 정기시험에서 합격한 것 자체만으로도 집안의 큰 영광이었다.

"축하하네."

누군가 어깨를 치며 축하의 말을 건넸다. 이순신은 놀라 뒤를 돌아보았다. 아산으로 이사하기 전 건천동에 살 때 호형호제呼兄呼弟하던 유성룡이었다. 시험 날에 맞춰 일부러 나왔던 것이다.

"아니, 형님 아니십니까! 어떻게 알고……."

"그동안 고생 많았어. 내 이런 날이 오리라 믿고 있었지."

"이제야 겨우 시험을 통과한걸요. 부끄럽습니다."

"무슨 그런 말씀을! 큰 그릇은 늦게 만들어진다고 하지 않았나? 이제 자네는 무관으로서, 나는 문관으로서 이 나라를 이끌어가는 두 개의 대들보가 되어보세."

"형님 말씀을 명심하겠습니다."

"오늘같이 좋은 날, 우리 술이나 한잔하는 것이 어떤가?"

"좋습니다."

두 사람은 유성룡의 집으로 향했다.

유성룡은 어릴 때부터 매우 총명하여 퇴계退溪 이황李滉에게서 학문을 배워 이름을 날리고 있었다. 이미 십 년 전에 문과에 급제及第한 뒤 젊은 나이에 명나라 사신으로 다녀와 이조정랑吏曹正郎이라는 벼슬을 했다. 또한 여러 가지 어려운 나랏일을 현명하게 처리하여 홍문관弘文館 부수찬部首撰에 이르렀다.

이순신이 무과에 합격했다는 소식이 아산에도 전해져 잔치가 벌

호형호제
아주 가까운 벗의 사이에 형이니 아우니 하고 서로 부르며 허물없이 지내는 사이.

이황
1501~1570년. 조선 중기의 대학자. 자는 경호(景浩), 호는 퇴계(退溪). 1528년 진사에 합격한 뒤 1533년 성균관에 들어가 이듬해 문과에 급제하였다. 박사, 호조좌랑 등을 거쳐 홍문관 수찬이 되었다. 성균관 사성(司成)에 올랐다가 사직하고 고향으로 돌아가 학문을 연마하였다. 저서로 《성학십도》, 《자성록》, 《도산십이곡》 등이 유명하다.

급제
과거에 합격하는 일.

이조정랑
조선시대 6조의 하나인 이조와 관련된 직무를 맡아보았던 관리.

홍문관
조선시대의 삼사(三司) 가운데 궁중의 경서, 문서 따위를 관리하고 임금의 자문에 응하는 일을 맡아보던 관아.

부수찬
조선시대에, 홍문관에 속하여 경적과 문한(文翰)에 관한 일을 맡아 보던 6품 벼슬.

어졌다. 동네 사람은 길을 닦고 황토를 뿌리며 동네 앞에 임시로 홍살문을 만든 다음 이순신이 백암리에 도착하자, 음악을 연주하며 환영을 해주었다.

아버지는 이순신의 손을 잡으며 말했다.

현충사의 홍살문(사진 제공 - 현충사)

"그래, 수고했구나. 네가 우리 가문을 빛내주었다. 이제 죽더라도 저 세상에 계신 할아버지를 떳떳하게 뵐 수가 있겠구나. 그리고 항상 임금께는 충성을 다하면서 백성들에게 골고루 사랑을 베풀어야 하느니라."

"예, 잘 알겠습니다."

이순신의 부모님은 금의환향錦衣還鄕한 아들의 모습을 대견한 듯 바라보며 눈시울을 적셨다.

금의환향
비단 옷을 입고 고향에 돌아온다는 뜻으로, 출세를 하여 고향에 돌아가거나 돌아옴을 비유적으로 이르는 말.

| 조선시대 이야기 | 03

과거시험의 성적은 어떻게 평가하였을까요?

과거시험이 실시된 것은 고려시대 4대 임금인 광종(재위 943~975년) 때부터이지만, 과거시험의 성적을 평가하는 기준이 확립된 것은 조선시대부터입니다.

조선시대의 과거시험에는 진사과進士科와 생원과生員科가 있었습니다. 진사과는 글짓기를 시험하는 것이고, 생원과는 경전의 암송을 시험하는 것이었습니다. 생원과의 경우 사서나 삼경 중에서 어느 문장을 지정하여 책을 덮고 외우게 한 다음 그 뜻을 묻기도 하고, 해석을 하게 하여 등급을 매기는 제도였습니다.

조선시대 초기에는 대통, 통, 약통, 조통, 불통의 다섯 등급으로 나누었다가 얼마 뒤에 순, 통, 약, 조, 불의 다섯 등급으로 나누어 이 제도가 조선시대 말기까지 지속되었습니다.

세종 26년(1444년) 예조禮曹에서 작성하여 임금의 재가를 받은 표본을 보면 다음과 같습니다.

*대통

구두나 새김, 뜻의 해석이나 지취(어떤 일에 대한 깊은 맛. 또는 그 일에 깃들여 있는 묘한 뜻)들을 모두 분명하고 정확하게 풀이하고, 또 그 흐르는 문맥을 잘 파악하여 위를 아래

와 대응시키는 능력이나 방법이 간곡하게 정성을 다하고 유창하여 그 책의 큰 뜻을 완전히 이해하고 그 말뜻의 깊이까지도 막힘없이 해득한 경우를 가리킵니다.

*통 通

구두가 분명하면서도 정확하고 새김이나 뜻의 해석이 하나도 막히거나 의심쩍은 곳이 없고, 뜻과 이치를 완전히 알아 큰 뜻을 완전히 통달한 경우를 가리킵니다.

*약통

구두나 새김, 뜻의 해석을 모두 잘 하고, 큰 뜻도 대체로 통했다고는 하나 완전히 통달하지 못한 경우를 가리킵니다.

*조통

구두나 새김, 뜻의 해석에 하나도 틀림이 없고 비록 강론을 완전히 통달했다고 할 수 없으나, 한 대문의 큰 뜻만은 잃지 않은 정도의 성적을 말합니다.

*불통

구두, 새김, 뜻의 해석, 사리, 문맥들이 모두 불완전한 경우를 가리킵니다.

*낙방 落榜

여러 과목에 대한 성적을 정함에 있어서 '불'이 하나라도 있으면 요즈음의 교육용어로 과목 낙제에 해당되어 낙방이었습니다. 특기할 것은 옛날의 경전에는 하나의 원문에 대한 학설이 여러 가지로 다른 경우가 흔히 있는데, 이럴 경우 응시자의 해설이 시험관의 학설과 다르더라도 해석 요건을 갖추고 있으면, 시험관의 학설에 상관없이 전체회의를 열어 그 점수를 결정했다고 합니다.

4. 계속되는 모함 謀陷

무과에 합격한 다음해인 1577년, 함경도 삼수三水에서 무관으로서의 관리생활이 시작되었다. 오늘날에도 삼수는 갑산甲山과 더불어 '매우 힘들고 험난한 곳으로 가거나 어려운 지경에 이르다.' 라는 뜻으로도 쓰이고 있다. 왜냐하면 삼수는 함경남도 북서쪽에 있는 허천강이 두만강과 합쳐지는 고장으로 국내에서 가장 추운 지대에 속한다. 겨울에는 평균 영하 16~18도에 이르고, 눈이 수척의 높이로 쌓인다고 한다. 또한 교통이 불편하여 유배지流配地로 유명했던 곳이다.

이순신은 종9품인 동구비보東仇非堡의 권관權官이 되어 이곳에 도착하였다. 동구비보는 여진과의 국경지역에 위치하여 식량이 부족한 여진족이 빈번하게 침입을 하는 지역이었다. 동구비보의 '구비仇非'는 우리말의 '산굽이', '강굽이'를 일컫는 '굽이'를 말하는

유배지
죄인을 멀리 귀양 보내는 곳.

권관
오늘날의 중대에 해당하는 부대가 주둔하는 곳으로 권관은 중대장임.

것이다. 이순신은 100여 명의 군사를 이끌고 백성을 보호하며 여진족의 침입을 막는 일을 맡았던 것이다.

처음 동구비보에 도착한 이순신은 깜짝 놀랐다. 성곽은 무너지고, 군사들은 시간만 때우고 있었다. 이순신은 다음날부터 군사들을 훈련시키고 성을 다시 쌓기 시작하였다. 처음에는 군사들이 모두 이순신을 우습게 보고 잘 따르지 않았다. 전임前任 권관들이 일을 게을리하였기 때문이었다.

"곧 전쟁이라도 날 것처럼 수선을 떤담?"

"며칠이나 가겠어. 어디 두고 보자구!"

하지만 이순신은 하루에도 몇 번씩 국경國境을 돌아보았고, 군사 훈련을 게을리하는 병사들은 용서치 않았다. 또 시간이 날 때마다 백성들과 어울리며 그들의 어려움을 듣고 잘못된 것은 하나씩 고쳐 나갔다.

처음에는 호된 훈련에 불평을 했던 군사들도 시간이 지나자 이순신의 참마음을 알게 되었다. 자신의 이익보다 나라와 백성을 먼저 생각하는 그의 충성심을 알게 되자, 군사들은 스스로 훈련에 참여하고 이순신을 존경하며 따랐다.

어느 날 이후백李後白이 함경도 감사監司로 부임하여 일대를 시찰하러 다녔다. 그는 국경지역의 여러 곳을 둘러보면서 성곽이 허술하거나 군사들 훈련이 안 된 부대의 장수는 엄하게 처벌하였다. 이후백은 장수들에게 곤장을 치기도 하여 '곤장 감사'로 불릴 정도로 엄했다.

전임
이전에 그 임무를 맡음. 또는 그런 사람이나 그 임무.

국경
나라와 나라의 영역을 가르는 경계를 이르는 말.

이후백
조선시대 명종 때의 문신(1520~1578년). 자는 계진(季眞). 호는 청련(靑蓮). 명종 10년(1555년)에 문과에 급제한 후 벼슬이 대제학, 이조판서, 호조판서에 이르렀다.

감사
관찰사.

곤장
옛날, 죄인의 볼기를 치던 형구. 또는 그 형벌. 버드나무로 넓적하고 길게 만들었음.

통솔력	무리를 이끌어 다스리는 능력.
미행	임금이나 신분이 높은 관리가 그 신분을 알리지 않고 평상복 차림으로 돌아다니며 서민들의 생활을 살피는 것.
추궁	잘못한 일에 대하여 엄하게 따져서 밝힘.
성곽	내성(內城)과 외성(外城)을 통틀어 말함.

이후백은 동구비보를 관할하는 이순신의 통솔력統率力이 뛰어나다는 소문을 듣게 되었다. 그래서 확인차 미행微行을 나섰다. 이후백은 한 곳이라도 허술한 곳이 있으면 추궁追窮을 하려고 동구비보를 꼼꼼하게 둘러보았다. 그러나 성곽城郭도 튼튼하였고, 군사들 훈련도 잘 되어 칼이나 활 쏘는 솜씨가 다른 부대와 비교가 안 되었다. 이후백은 백성들에게 물어보았다.

"새 권관이 백성들을 너무 쥐어짜는 것 아니오?"

"댁은 누구신데 그런 말도 안 되는 소리를 하는 거요?"

허리가 구부정한 할머니가 기분 나쁘다는 듯이 대꾸했다. 그러자 옆에 있던 아낙네가 말했다.

"우리들 얼굴을 보면 모르겠수?"

아낙네의 말대로 주변 사람들을 둘러보자 모두 얼굴에 꽃이 피어 있었다.

"새로 오신 나리 덕분에 걱정 없이 산다오."

"전에는 애써 농사를 지어놓으면 여진족이 쳐들어와 추수한 걸 모두 약탈掠奪해 갔는데, 이젠 그런 걱정을 안 한다오."

"이제야말로 사람 사는 것처럼 사는걸요."

한결같이 이순신에 대한 칭찬을 늘어놓았다.

'소문대로군. 웬만한 여진족이 쳐들어와도 이곳은 걱정할 필요가 없겠어.'

동구비보를 살핀 이후백은 이순신이 있는 동헌東軒으로 발길을 돌렸다.

약탈	폭력을 써서 남의 것을 억지로 빼앗음.
동헌	감사·병사·수사 등 고을의 수령이 공사(公事)를 처리하는 대청이나 집.

"나리, 큰일 났습니다."

"무슨 일인데 이 소란인가?"

"지금 감사영감께서 오셨답니다."

"그것이 무슨 큰일이더냐?"

"아이고 나리, 이분은 곤장 감사라고 불리지 않습니까? 혹시 나리도……."

"이런 싱거운 사람을 보았나? 잘못이 있으면 곤장을 맞아야 할 것이고, 없으면 무슨 문제가 있겠느냐?"

말을 마친 이순신은 동헌 정문으로 나아갔다. 이후백이 말을 타고 동헌을 향해 오고 있었다. 동헌 정문에서 말을 내린 이후백은 이순신을 보자 미소를 띠었다.

"이 권관, 동구비보의 성곽이 잘 정비되었더군. 병사들 훈련도 잘 되었고……. 이 권관에 대한 백성들의 칭찬이 대단해."

이후백은 이순신의 손을 잡으며 칭찬하였다. 이후백에게 곤장을 맞지 않을까 걱정을 하던 향리鄕吏들은 안도의 한숨을 쉬었다.

이순신은 이후백에게 무기고와 동헌의 곳곳을 안내하였다.

"역시 소문대로군. 이 권관은 이 나라를 짊어질 기둥일세. 나라를 위하여 더욱 열심히 일을 하게나."

"예, 잘 알겠습니다. 영감!"

이윽고 점심때가 되어 상을 받은 이후백은 깜짝 놀랐다. 상에 놓인 것은 밥과 김치 그리고 국이 전부였다. 함경도 총책임자에 대한 대접이 너무 소홀하다는 생각에 이후백은 매우 언짢았다. 그래서

향리
고려·조선시대에, 한 고을에 대물림으로 내려오던 벼슬아치.

무기고
무기를 넣어 두는 창고.

뜨는 둥 마는 둥 식사를 마친 이후백은 밥상을 들여왔던 하인에게 물었다.

"이 권관의 식사는 항상 이러하느냐?"

하인은 자신이 큰 죄를 지은 듯 오들오들 떨며 말했다.

"송구합니다만 그렇습니다."

평소에 이순신이 자신에게 대접한 것과 같은 식사를 하고 있다는 소리에 이후백의 노여움은 가라앉았다.

이후백은 동구비보를 떠나면서 이순신에게 물었다.

"나에게 뭐 건의할 것은 없나?"

"잘잘못을 가리는 것은 좋으나, 변방邊防 장수들에 대한 영감의 처벌이 너무 과한 듯합니다. 그들의 마음을 조금 헤아려 주셨으면 합니다."

"어찌 나라고 그들에게 감정이 있겠느냐. 하지만 변방을 지키는 관리들은 한시도 게으름을 피워서는 아니 된다. 그래야 백성들이 편히 살 수 있지 않겠나? 내 이 권관의 뜻은 새겨듣지."

이후백이 이순신의 뜻을 받아들이자, 이순신은 부하의 말도 들을 줄 아는 그에게 새삼 고개가 숙여졌다.

이후백의 두터운 믿음을 바탕으로 동구비보 권관으로 3년 동안 일한 이순신은 35세에 한성 훈련원訓練院의 봉사奉事가 되었다. 훈련원에서 인사에 관한 업무를 맡고 보니 동구비보에서 일할 때보다 일이 많았다. 또한 좋은 자리로 옮길 수 있게 힘써 달라는 사사로운 부탁도 많았다. 그러나 옳지 못한 일을 보면 참지 못하는 대

> **변방**
> 국경 주변 지역을 지키는 일.

> **봉사**
> 조선시대 때 관상감·돈녕부·훈련원 및 기타 각 시·원·감·서·사·창 따위에 둔 종8품 벼슬.

나무같이 꼿꼿한 성품이기에 일언지하一言之下에 거절했다.

그러던 어느 날이었다. 업무를 마치고 퇴근하여 책을 읽고 있을 때였다.

"나으리, 손님이 오셨습니다요."

하인이 후원後園으로 건너와 아뢰었다.

사랑채에는 병조정랑兵曹正郎 서익徐益의 하인이 와 있었다.

"급히 우리 나리께서 만났으면 하십니다."

이순신은 무슨 일로 찾는지 궁금하였다.

"무슨 일이더냐?"

"저는 잘 모릅니다. 아무튼 가보시면 알 것입니다."

영문도 모른 채 이순신은 서익의 하인을 따라나섰다.

서익이 있는 정자에는 진수성찬珍羞盛饌이 한상 가득 차려져 있었다.

"어서 오시오. 그대와 이야기 좀 하려고 밤늦게 불렀소이다."

"무슨 일이신지……."

서익은 잠시 머뭇거리다가 이윽고 말했다.

"훈련원에 나와 친척인 사람이 있네. 이 사람을 참군參軍으로 올려야겠는데……."

"무슨 말씀이신지요?"

"그 아이가 다 잘하는데 활쏘기 실력이 부족하네. 그러니 자네가 활쏘기 점수를 좀 올려 주게나."

"나으리, 무슨 말씀을 하십니까? 점수를 거짓으로 올리자는 말

일언지하
한 마디로 잘라 말함. 또는 두말할 나위 없음.

후원
집 뒤의 작은 동산이나 뜰.

병조
조선시대의 관청. 병기(兵器)나 서울의 성문이나 민가의 경비 등을 관리하였다. 하부 기관으로 3사를 두고 무관, 군사, 병적, 병기, 군함, 무예, 훈련 등의 일을 맡아 관리하였다.

진수성찬
푸짐하고 잘 차린 맛있는 음식.

참군
조선시대 때 한성부에 둔 훈련원의 정7품 벼슬.

씀이십니까?"

그러자 서익이 이순신의 손을 잡으며 말했다.

"이번에 도와주면 내가 자네 인사人事에도 손을 쓰겠네."

이순신은 자리에서 일어나며 서익에게 말했다.

"오늘 말씀은 안 들은 것으로 하겠습니다."

이순신은 서익의 집을 빠져나왔다. 이순신의 뒷모습을 보며 서익은 부드득 이를 갈았다.

'이놈, 어디 두고 보자!'

서익과의 그러한 일로 이순신의 곧고 바른 성품은 널리 알려지게 되었다.

그러나 바르고 정확한 일처리를 하는 것에도 불구하고 곳곳에 그를 모함하는 이들이 있었다. 그래서 2년의 임기를 다 채우지 못한 채 같은 해 10월에 충청도 병마절도사兵馬節度使의 군관이 되어 충청도 병영인 해미海美로 가게 되었다. 해미는 원래 정해현貞海縣과 여미현餘美縣을 합쳐 해미라고 불리는 곳이었다. 이순신은 그곳에서 근무하는 동안 방에 옷과 이부자리만 둘 정도로 청렴한 관리로 생활하였다.

이순신은 어느 곳에서든 정직하고 꼿꼿한 성격으로 많은 사람들의 존경을 한몸에 받았다. 하지만 또한 견제와 시기를 받아 오랜 기간을 한곳에서 근무할 수가 없었다. 충청도 병마절도사의 군관으로 1년 동안 일한 이순신은 1580년(선조 13년) 6월에 36세의 나이로 전라도 고흥의 발포 수군 만호萬戶가 되었다. 발포는 전라좌수

인사
한 조직에 소속된 인원의 근무 상태, 성적·업적 등이 종합적으로 관여된 일.

병마절도사
종2품의 벼슬. 각 지방의 군대를 통솔하고 경비를 담당했다.

만호
조선시대 무관직의 하나로 정4품관이 주로 임명되었다. 원래 몽고족의 군제軍制로 만호, 천호(千戶), 백호(百戶) 등은 관리하는 영토의 민호(民戶, 民家) 수를 가리키는 것이었다. 그러다가 차차 민호의 수와는 관계없이 품계(品階)를 나타내는 것이 되었는데 육군보다는 수군에 이 명칭이 남아 있었다.

영의 5개 포구 가운데 하나였다. 이순신이 수군의 지휘관을 맡게 된 것은 처음이었다. 이순신이 지휘관을 맡게 되자 전보다 더 많은 모함이 들려왔다.

"이순신이란 자는 거만하여 높은 사람들만 가까이 하고 그렇지 않은 이들은 우습게 여긴다 합니다."

"그렇습니다. 유성룡 등 높은 사람들하고만 사귀면서 어떻게 하면 좋은 자리로 옮길까 궁리하는 자입니다."

"맞습니다. 이순신은 힘이 센 사람에게는 약하고, 약한 사람에겐 함부로 대합니다."

전라감사인 손식의 귀에는 이순신에 대한 좋지 않는 말만 들려왔다. 그런 말들을 있는 그대로 믿어 버린 손식은 이순신이 전라좌수영으로 왔다는 소식을 듣고 어떻게 하면 그를 처벌할 수 있을까 궁리를 했다.

몇 달 뒤, 손식이 발포 동헌을 찾았다. 손식은 이순신을 많은 부하들이 보는 앞에서 창피를 주어 코를 납작하게 만들 생각이었다.

이순신은 병사들과 함께 **봉수대**烽燧臺를 고치고 있었다.

"나으리, 감사께서 오셨습니다."

이순신은 서둘러 동헌으로 와서 감사에게 인사를 하였다.

"발포 만호 이순신입니다."

손식은 차갑게 이순신을 맞이했다.

"봉수대를 고치느라 고생이 많소."

의례적인 인사를 한 손식은 차가운 목소리로 말했다. 손식은 이

봉수대
봉화를 올릴 수 있게 만들어 놓은 곳.

순신에게 발포에서의 어려움에 대해 들은 뒤 물었다.

"외적을 막을 때 가장 중요한 것이 무엇이라고 생각하시오."

이순신은 표정 하나 변하지 않고 말했다.

"손자孫子가 그의 병법兵法 '모공편'에서 다음과 같이 말했습니다. 적을 알고 나를 알면 백 번 싸워 백 번 모두 이긴다. 또 적을 모르고 나만 알면 백 번 싸워 오십 번 이긴다. 만약 적도 모르고 나도 모른다면 백 번 싸워서 한 번도 이길 수 없다. 외적을 막을 때 가장 중요한 것은 적과 나를 바로 아는 데서 시작합니다……."

> **손자병법**
> '손자(孫子)'는 중국 오나라의 '손무(孫武)'를 높여 부르는 말. 《손자병법》은 손무가 편찬한 병법서. 전쟁의 전략·전술뿐 아니라 제후의 정치·외교·국가 경영·인사 등에 대해서도 상세하게 설명하였다. 중국의 전쟁 체험을 집대성한 것으로, 간결한 명문(名文)으로도 유명하다. 조선시대에 한때 역과초시(譯科初試)의 교재로도 쓰였다. 1권 13편.
>
> **진도**
> 군사들의 대오가 배치되어 있는 지도.

외적을 막을 방법에 대해 말하는 이순신의 목소리는 힘이 넘쳤다. 그의 폭넓은 지식은 그 앞에 모여 있는 병사들과 손식을 놀라게 했다.

"그럼 발포의 진도陳圖를 그려보게."

"예, 알겠습니다."

이순신은 붓에 먹물을 묻혀 종이 위로 가져갔다. 그리고 거침없고 정확하게 해안의 진을 그려나갔다. 군사 전략상 중요한 부분은 진하게 표시했다.

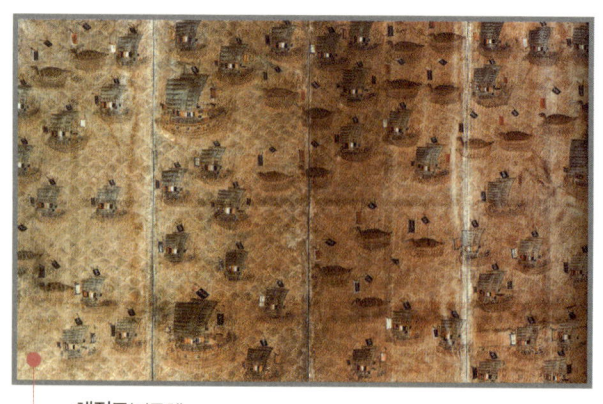
해진도(기록화)

"이곳에 온 지 얼마 안 되는 것 같은데, 어찌 이곳 지형을 그리 잘 아는가?"

손식은 넋을 잃고 바라보다가 말했다. 이순신이 그린 진에는 그의 치밀한 관찰력과 타고난 총명함이 그대로 드러나 있었다. 손식은 감탄했다.

"그대의 조상님 중에 가장 가까운 시기에 벼슬을 하신 분이 누구시오?"

손식의 목소리와 얼굴은 완전히 바뀌어 있었다. 이순신에 대한 의심이나 시기의 그림자는 이미 사라지고 없었다. 손식은 이순신에게서 눈을 떼지 못했다.

"할아버지인 백자, 록자 되시는 어른이옵니다."

손식은 무릎을 탁 쳤다.

"오호라, 지난 기묘사화己卯士禍 때 억울하게 돌아가신 이백록 어른이 그대의 할아버님이란 말이지? 과연 그 할아버지에 그 손자로다. 할아버님이 그처럼 절개節槪를 지키다 돌아가셨으니 그 손자는 말할 것도 없겠군! 내가 소문만 믿고 그대를 평가한 듯하니 용서해 주오."

손식은 정중하게 잘못을 사과했다.

며칠 후, 전라좌수사左水使 성박에게서 편지가 왔다.

기묘사화
사화(士禍)란, 조선시대에 신하나 선비들이 반대파에 몰려 참혹한 화를 입은 사건을 가리킨다. 기묘사화란, 기묘년인 1519년(중종 14년) 남곤·홍경주·심정 등의 훈구파(勳舊派)가 이상정치(理想政治)를 주장하던 조광조·김정 등의 신진 사류(新進士類)를 죽이거나 유배시킨 사건.

절개
신념이나 신의, 의지 등을 굽히거나 변하지 않는 성실한 태도를 말함.

좌수사
조선시대에 둔 좌수영(左水營)의 우두머리. 품계는 정3품이다. 좌수군절도사와 같은 말임.

이 만호,
내가 음악을 좋아하여 거문고를 만들 것이니
동헌 앞에 있는 오동나무를 베어 보내 주시오.
빠른 시일 내에 보내 주기 바라오.
―성박

편지를 읽는 이순신의 손이 부르르 떨렸다. 좌수사가 자신의 상급 지휘관이긴 하지만 동헌에 있는 모든 물건은 나라의 재산이었다. 나라의 재산을 함부로 여기는 성박이 이순신은 못마땅하였던 것이다. 이순신은 편지를 가져온 성박의 군졸에게 말했다.

"이곳 오동나무는 나라의 재산이다. 가서 좌수사 영감께 나라의 재산은 함부로 벨 수 없다고 말씀드려라."

그러나 군졸은 물러서지를 않았다.

"하오나 좌수사 영감께서 꼭 오동나무를 가져오라는 엄한 명령이 있었습니다."

"내가 말한 대로 전하면 너에게는 아무 해가 없을 것이니라. 어서 물러가지 못할까!"

이순신의 고함에 군졸은 슬금슬금 뒷걸음질치며 물러갔다.

군졸의 보고를 받은 성박은 이를 부드득 갈았다.

'감히 내 명령을 거역해? 어디 두고 보자!'

성박은 발포진에 수시로 사람을 보내 트집거리를 찾으려고 애를 썼다. 그러나 번번이 헛수고만 할 뿐이었다. 성박이 임기를 마치고 이용이 전라좌수사로 왔다. 성박은 이용에게 말했다.

"영감, 발포 만호 이순신을 혼내 주시오. 그자는 직속상관인 나를 우습게 여기던 놈이오."

"그런 나쁜 놈이 있나? 내가 처리하겠소."

이용은 전라좌수사로 부임한 날부터 성박처럼 트집을 잡으려고 애를 썼다. 마침 전라감영에서 좌수영에 대한 조사를 나왔다. 이용

직속상관
자기가 직접 속하여 있는 부서의 상관.

은 손뼉을 쳤다.

'이제야말로 이순신에게 따끔한 맛을 보여 주어야지.'

좌수영에 대한 조사는 전라감사 아래에서 나랏일을 보는 도사란 관직을 맡고 있는 조헌趙憲이란 사람이었다. 조헌은 훗날 임진왜란이 일어났을 때 충청남도 금산에서 의병義兵을 일으켜 싸우다가 죽음을 당한 의병장이었다. 평소에 옳지 못한 일을 보면 참지 못하는 성격이었다.

이용은 조헌에게 보고서를 받아쓰도록 했다.

이순신은 평소에 군사들 관리가 허술하여 결석자가 많으며,
무기관리를 제대로 하지 못하여 창과 칼이 녹이 슬었으며,
성곽은 다 허물어졌다.
…….

보고서를 쓰던 조헌이 고개를 갸우뚱하였다. 조헌은 이순신이 백성들을 잘 다스려 존경을 받고 있으며, 군사관리도 엄격하여 튼튼한 방어防禦를 하고 있다는 소문을 듣고 있었기 때문이었다.

"영감, 제가 듣기로 만호 이순신은 군사관리나 백성들 다스리는 일을 잘하고 있다고 하였습니다."

조헌의 말에 이용은 뜨끔하였다.

"정확한 보고서를 쓰는 것이 나의 임무입니다. 영감께서는 부하의 근무상황을 제대로 파악하시지 못하시는 것 같습니다."

조헌
조선 선조 때의 문신·의병장·학자(1544~1592년). 자는 여식(汝式). 호는 중봉(重峯)·도원(陶原)·후율(後栗). 1567년에 문과에 급제, 교서관(校書館)에서 일하다가 후에 박사, 호조·예조 2조좌랑, 감찰, 현감 등을 지냈다. 이이의 문인으로 스승의 학문을 계승·발전시켰다. 곧은 소리를 잘하는 성격이라 모함을 받고 여러 차례 귀양을 갔으며, 공주 제독으로 일하다가 벼슬을 내놓고 낙향했다. 임진왜란 때 옥천, 홍성 등지에서 의병을 일으켜 활약하였으나 금산에서 7백 의병과 함께 전사하였다. 저서에 《중봉집》이 있으며, 《청구영언》에 시조 3수가 전한다.

의병
외적의 침입을 물리치기 위하여 백성들이 자발적으로 조직한 군대나 그 군대의 병사. 의군.

방어
상대편의 공격을 막는 것.

비록 조헌이 이용보다 벼슬은 낮았지만 전라도 감사를 대신하여 조사를 하는 것이었기에 이용은 조헌을 무시할 수가 없었다.

이용은 비로소 자신이 성박의 말만 믿고 이순신을 오해한 것을 깨달았다. 그 후 이용은 이순신에 대해 높은 평가를 내리며 충성스런 마음과 옳은 일을 행하는 사람이라는 것을 알게 되었다.

이순신이 38세 되던 1582년(선조 15년) 2월, 나라에서는 해안지방의 군사훈련과 성곽의 상태를 알아보기 위한 관리를 파견하였다. 바로 특별 검역관인 군기경차관이 발포에 온 것이었다.

이순신은 군기경차관이 파견되었다는 소식을 듣고 바로 동헌으로 나아갔다. 동헌에서 기다리는 경차관敬差官을 본 순신은 깜짝 놀랐다.

경차관
조선시대 때 지방에 파견하여 임시로 일을 보게 하던 벼슬로 특수 임무를 띤 특명 신하였다.

'아, 저분은……'

이순신이 놀라는 것도 무리는 아니었다. 그가 훈련원 봉사로 있을 때 인사에 대한 부탁을 했던 바로 병조정랑 서익이었던 것이다.

'설마 그때의 일로……. 아니야, 그러시진 않겠지.'

서익은 이순신이 발포에 근무하고 있다는 사실을 미리 알고 전라도로 지원을 한 것이었다. 서익은 이 기회에 이순신을 벼슬에서 내쫓을 결심을 하고 발포에 왔던 것이다.

"어, 이게 누구신가?"

이순신을 본 서익은 입가에 음흉한 미소를 띠었다.

"오랜만입니다. 먼 곳까지 오시느라 고생하셨습니다."

그러나 서익은 이순신의 인사는 받지도 않고 그대로 돌아가 거짓 보고서를 작성했다.

이순신은 군사관리가 엉망입니다.
더구나 성곽은 다 무너지고,
무기는 모두 녹이 슬 정도로 관리가 엉망입니다.
그러므로 발포 만호의 직에서 해임해야 합니다.

그리하여 결국 이순신은 발포 만호에 부임한 지 18개월 만에 쫓겨나게 되었다. 그러나 이순신은 누구도 원망하지 않았다.

이순신이 마음고생을 겪는다는 소식을 듣고 누구보다도 안타까워한 사람은 사간원司諫院의 장관인 유성룡이었다. 유성룡은 이순신에게 사람을 보내 만나자는 기별을 했다.

"어서 오시게. 고생이 많다지?"

"바쁘실 텐데 저까지 신경을 써주시니 고맙습니다."

"나하고 자네하고 그럴 사이인가? 어려움이 있으면 서로를 위로하고 도와야 하지 않겠나?"

이순신은 유성룡의 마음 씀씀이가 고마웠다. 술을 주고받으며 세상 돌아가는 이야기를 나누던 유성룡이 무겁게 말했다.

"혹시 이이李珥 대감을 알고 있나?"

"이이 대감요?"

이이는 이순신의 먼 친척이었다. 이때 이이는 이조판서吏曹判書로 관리의 임명권을 가졌으며, 선조宣祖의 신임을 받는 학자였다.

사간원
조선시대의 삼사 가운데 하나로, 임금에게 간(諫)하는 일을 맡아보던 관아. 태종 원년(1401년)에 설치하여 연산군 때 없앴다가 중종 때 다시 설치하였다.

이이

조선 중기의 문신, 학자(1536~1584년). 자는 숙헌(叔獻). 호는 율곡(栗谷)·석담(石潭)·우재(愚齋). 본관은 덕수(德水). 강릉 출생으로 어머니는 신사임당(申師任堂)이다. 호조, 이조, 병조 판서, 우찬성을 지냈다. 서경덕의 학설을 이어받아 주기론을 발전시켜 이황의 주리적(主理的) 이기이원론과 대립하였다. '십만양병설'을 주장하여 임진왜란을 예언한 것으로 유명하다. 저서에 《율곡전서》, 《성학집요》, 《경연일기》가 있다.

이조
조선시대의 육조(六曹 : 이조, 호조, 예조, 병조, 형조, 공조) 가운데 관리의 임명과 훈봉, 관원의 성적 등에 관한 일을 맡아보던 관아.

"그래, 이조판서 이이 대감 말이야?"

"예, 알고 있습니다."

"그럼 이번 일을 한번 의논하면 어떻겠나?"

이순신은 고개를 가로저었다.

"저도 이이 대감을 한번 만나고는 싶습니다. 우리나라의 제일가는 학자이면서 많은 사람으로부터 존경을 한몸에 받는 분이 아닙니까?"

"그렇지. 그러니 이번 기회에 만나서 자네의 일을 상의해 보는 것이 어떻겠나?"

"아닙니다. 그분이 벼슬길에 있지 않으시다면 제가 선뜻 만날 수 있겠지만, 지금은 관리의 임명을 담당하는 이조의 일을 맡아보시지 않습니까? 제가 그분에게 해가 될 수도 있습니다."

"그렇군. 내가 생각이 짧았네."

이순신의 말에 유성룡은 얼굴이 붉어졌다.

| 조선시대 이야기 | 04

장님을 가리키는 말 '봉사'가 벼슬이름이라고요?

오늘날 우리가 사용하는 말은 옛날 관제官制에서 나온 말이 많습니다.

*알나리깔나리

'알나리'는 나이가 어리고 키 작은 사람이 벼슬을 했을 때 농으로 이르는 말이었습니다. '깔나리'는 별 뜻 없이 운율을 맞추기 위해 붙여진 말입니다. 하지만 오늘날에는 남 보기 부끄러운 차림이나 행동을 했을 때 주위의 아이들이 서로 놀리면서 하는 말로 바뀌어 사용되고 있지요.

*박사博士

옛날 관직의 하나로, 오늘날의 교수의 임무를 맡아보던 벼슬이었습니다.

백제 때는 《시경詩經》, 《서경書經》, 《역경易經》, 《예기禮記》, 《춘추春秋》에 능통한 학자를 오경박사로 칭했으며, 고구려 때는 태학에 박사를 두었고, 신라 때는 국학에, 고려 때는 국자감에, 조선시대에는 성균관, 홍문관, 규장각, 승문원에 각각 박사를 두었답니다.

오늘날에는 학문적으로 우수한 성과를 올린 사람에게 주는 학위나 그것을 취득한 사람, 또는 대학에서 학생들을 가리키는 스승을 호칭하지요. 때로는 진짜 학위를 받지 않았지만 어떤 분야에 대해 널리 알고 있는 사람을 비유하는 말로도 쓰이고 있습니다.

*감투

'감투'는 탕건 비슷한, 턱이 없이 민틋하게 만들어 머리에 쓰는 의관의 일종입니다. 벼슬하는 사람만 쓰고, 평민은 쓰지 못했답니다.

따라서 오늘날에는 '벼슬' 또는 '벼슬자리' 등을 가리킬 때 쓰입니다.

*봉사奉事

'봉사'는 조선시대 때 지금의 천문대에 해당하는 관상감觀象監, 교도소인 전옥서典獄署, 통역원인 사역원司譯院 등에 딸린 종8품의 낮은 벼슬 직책입니다. 이 자리에 소경들이 주로 기용되었기 때문에 벼슬의 한 직책이던 이 말이 나중에는 장님들을 높여 부르는 말로 바뀌어 지금까지 사용되고 있습니다.

*샌님

샌님은 '생원生員님'이 줄어서 된 말로, 생원은 원래 소과小科에 합격한 사람을 부르는 말이었습니다. 이 말이 후대로 내려오면서 나이 많은 사람을 대접하는 존칭으로 쓰였지요. 생원은 대개 공부도 많이 하고 행실도 점잖기 때문에 그같이 점잖은 사람을 가리켜 '생원님'이라고 불렀답니다.

오늘날에는 숫기가 없고 조용하며, 사교성이 없는 성격의 남자를 가리키는 말로 변했습니다.

*형兄

원래는 고구려 때 벼슬이름에 쓰이던 호칭으로, 지금의 국무총리에 해당하는 태대형太大兄, 장관급에 해당하는 대형大兄, 차관급에 해당하는 소형小兄 등이 있었습니다. 이 밖에 호칭에 관한 문헌인 중국의 《칭위록稱謂錄》에 보면 '고려 땅에서는 장관을 형이라 부른다.'는 구절이 나옵니다. 이것이 동기간이나 같은 항렬에서 나이가 많은 사람을 부르는 호칭으로 바뀌었고, 요즘 들어서는 꼭 동기간이 아니라 할지라도 나이가 비슷한 친구 사이에 상대방을 공대해 부르는 호칭으로 널리 쓰이고 있습니다.

5. 백의종군 白衣從軍

1583년(선조 16년) 10월, 함경도 병마절도사 이용에게서 상소문上疏文이 올라왔다.

전하,
신 함경도 병마절도사 이용이 감히 건의드릴 것이 있사옵니다.
지금 이곳은 여진족이 호시탐탐虎視眈眈 노리고 있습니다.
그들은 우리 백성들이 애써 지어놓은 농사를 마구 약탈해 가고 있습니다.
그래서 이곳을 지키는데 소인이 전라도 좌수사로 있을 당시에 발포 만호로 함께 근무한 이순신이 필요합니다. 무슨 연유緣由인지는 모르나 지난번 감사에서 물러나긴 했지만, 소인이 아는 바 가장 성실한 사람이었습니다.

상소문
임금에게 올리던 글. 주로 간관(諫官)이나 삼관(三館)의 관원이 임금에게 정사(政事)를 간하기 위하여 올렸다.

호시탐탐
범이 눈을 부릅뜨고 먹이를 노려본다는 뜻으로, 남의 것을 빼앗기 위하여 형세를 살피며 가만히 기회를 엿봄을 이르는 말.

연유
사유, 이유.

바라옵건대 소인에게 이순신이 꼭 필요하니 이번에 다시 소인과 함께 일할 수 있도록 전하의 배려를 바랍니다.

―함경도 병마절도사 이용

함경도 병마절도사로 부임한 이용의 건의로 이순신은 다시 관리로 발탁拔擢되었다. 이용은 곧 이순신을 건원보乾原堡의 권관으로 임명하였다. 건원보는 함경도의 경원에서 남쪽으로 10km쯤 떨어진 변방이었다. 경원은 우리나라에서 가장 북쪽, 두만강을 사이에 두고 여진족과 마주한 지역이었다. 식량이 부족한 여진족은 때와 장소를 가리지 않고 두만강을 건너와 식량과 재산을 약탈하거나 부녀자들을 잡아갔다. 이곳은 과거 고려 때 명장名將이었던 윤관尹瓘에 의해 여진족들이 정벌되기도 했으며, 세종대왕 때 6진이 개척되어 우리나라 땅이 된 지역이었다.

"내 이 권관을 믿겠소. 여진족을 무찌를 좋은 방법이 있겠지요?"

이용의 물음에 이순신은 골똘히 생각에 잠겼다가 말했다.

"영감, 저를 믿고 기다려 주십시오."

이용을 돌려보내고 이순신은 여진족을 물리칠 계략計略을 짰다.

'여진족은 성질이 급해. 그러니 화살을 잘 쏘는 우리 군사 10여 명을 보내 여진족을 꾀어 이쪽으로 유인한다. 그리고 미리 군사들을 숨겨놓았다가 10여 명의 군사를 쫓느라 정신이 없는 여진족을 갑자기 공격하면 우리가 승리할 수 있어…….'

생각을 마친 이순신은 평소에 눈여겨보아 둔, 활 잘 쏘는 군사

발탁
여러 사람 가운데서 쓸 사람을 뽑음.

명장
이름난 장수.

윤관
고려 예종 때의 학자, 장군 (?~1111년). 자는 동현(同玄). 본관은 파평(坡平). 태조를 보좌한 삼한공신 신달(莘達)의 5세손. 어사대부·한림학사·이부상서 등을 지내고 예종 2년(1107년)에 여진 정벌을 하고 9성(九城)을 쌓았다.

계략
어떤 일을 이루기 위한 꾀나 수단을 말함.

10여 명을 선발했다.

"너희들은 오늘 중요한 임무를 맡는다. 여진족에게 다가가 화살을 쏘면서 몇 명을 죽여라. 그러나 절대 깊게 들어가서는 안 된다. 그리고 여진족들이 너희들을 공격하면 얼른 우리 진지로 돌아와야 한다. 알겠느냐?

"잘 알겠습니다."

이순신의 명령을 받은 군사들은 여진족의 마을 가까이로 가 일제히 화살을 날렸다. 부족들이 쓰러지자 족장인 듯한 사람이 소리쳤다.

"조선인의 기습이다. 어서 저들을 쫓아라!"

그러자 건원보의 군사들은 말머리를 돌려 달아났다. 이순신이 말한 계곡을 쫓아온 여진족이 통과하려는 순간이었다.

"어서 돌을 굴려라! 화살을 쏴라!"

이순신의 명령에 따라 건원보의 병사들은 여진족을 향해 돌과 바위를 굴리고 화살을 쏘았다.

"으악!"

여기저기서 여진족들이 거꾸로 쓰러지며 고함을 질렀다. 이순신의 계략임을 알아차린 족장은 얼른 후퇴 명령을 내렸다.

"후퇴하라! 후퇴하라!"

족장의 명령에 따라 여진족들은 허겁지겁 말머리를 돌려 두만강 쪽으로 달아났다. 건원보 군사들은 여진족의 뒤를 쫓으며 화살을 퍼부었다.

이순신과 그의 군사들은 대승을 거두었다. 건원보로 돌아오자, 이용이 기다리고 있었다.

"역시 이 권관이오. 장하구려!"

"감사합니다."

이용은 돼지고기와 술을 하사하며 군사들을 위로하였다. 이순신에게 술을 따라주며 앞으로 건원보에 여진족이 발을 들여놓지 못하도록 해달라고 부탁했다.

좋은 일에는 항상 나쁜 일이 따른다고 했던가. 이순신은 건원보의 권관으로 임명되어 올 때 병세가 깊은 아버지를 떠나는 것이 내내 마음에 걸렸었는데 결국 아버지가 세상을 뜨셨다는 전갈이 온 것이다. 아버지의 임종臨終도 지키지 못한 불효를 저지른 것이다.

"아버님! 이 불효자식을 용서하십시오."

이순신은 이용에게 자세하게 편지를 써서 건원보의 권관을 물러나겠다는 뜻을 전했다. 이용은 황급히 달려와 이순신을 위로했다.

"이 권관, 부디 삼년상三年喪을 잘 치르시고 돌아와 다시 나를 도와주시오."

이순신이 아산으로 향하던 날 건원보의 백성들은 나와 이순신을 배웅하며 슬퍼하였다.

> **임종**
> 부모가 돌아가실 때 그 곁을 지키는 것
>
> **삼년상**
> 부모의 상을 당해 삼년 동안 상중에 있는 것

"우리를 이렇게 편안하게 해주셨는데……."

"나으리, 부디 삼년상을 잘 치르십시오."

이순신도 그들과 헤어지는 것이 안타까워 마음이 아팠다.

아산으로 돌아온 이순신은 아버지 무덤 앞에 짚으로 엉성한 집을 짓고 3년 동안 그곳에서 생활을 하며 무덤을 지켰다. 이를 삼년상이라고 하는데 다른 말로 삼년초토라고도 한다. 사람이 태어나 부모의 손길이 필요한 때가 3살까지이기에 부모님이 돌아가시면 그 은혜를 갚기 위하여 3년 동안 무덤 앞에서 생활하며 아침저녁으로 식사를 올려드리고 통곡을 했던 것이다. 사람들은 이순신의 그러한 효성에 감탄하며 칭찬을 아끼지 않았다.

세월은 빨리 흘러 어느덧 3년이 지났다. 이순신은 다시 함경도로 갔다. 조산보 만호로 일하기 위해서였다.

조산보를 둘러본 이순신은 한숨이 절로 나왔다. 훈련을 제대로 받지 못한 군사들이 대부분이었고, 게다가 그 수도 턱없이 부족하였다. 그런데 엎친 데 덮친 격으로 조정朝廷에서는 이순신에게 녹둔도의 둔전屯田관도 겸하라 명하였다. 조산보에서 20여 리 떨어진 녹둔도는 두만강을 끼고 있어 땅이 무척 기름진 곳이었다. 그래서 여진족들이 군침을 흘리는 곳이기도 했다.

이순신은 백성들을 살피기 위해 들판으로 나갔다. 백성들은 농사일을 하느라 정신이 없었다. 하지만 농사가 풍년인 만큼 추수철에 여진족이 쳐들어올까 봐 염려하는 마음도 컸다.

'이 일을 어쩐다? 나라에서 군사를 조금만 더 보내주어도 이 두

조정
임금이 나라의 정치를 신하들과 의논하거나 집행하는 곳.

둔전
변경이나 군사 요지에 주둔한 군대의 군량을 마련하기 위하여 설치한 토지. 군인이 직접 경작하는 경우와 농민에게 경작시켜 수확량의 일부를 거두어 가는 두 가지 경우가 있었다.

곳을 다 지킬 텐데…….'
생각 끝에 이순신은 병마절도사 이일李鎰에게 군사를 요청하기에 이르렀다.

> 영감,
> 녹둔도는 올해 농사가 풍작豊作입니다.
> 그러나 언제 여진족이 쳐들어올지 몰라 한시도 마음을 놓지 못하고 있습니다.
> 지금 우리의 군사로 여진족을 막기에는 어려움이 많습니다.
> 군사가 더 필요하니 도와주시기 바랍니다.
> ―이순신

그러나 이순신의 편지를 받은 함경도 병마절도사 이일은 코웃음을 쳤다.
"그곳이 뭐 그리 중요하다고 군사를 더 보내? 모름지기 훌륭한 장수란, 적은 수의 군사로도 많은 수의 적을 거뜬히 이기는 법!"
그러던 어느 날이었다. 추수에 한창인 들판으로 한 병사가 헐레벌떡 달려왔다.
"나리, 큰일 났습니다. 여, 여진족이!"
"여진족이 쳐들어왔단 말이냐?"
"그렇습니다."
이순신은 군사들과 농민들에게 명령했다.

이일
조선시대의 무장(1538~1601년). 자는 중경(重卿). 본관은 용인(龍仁). 1558년에 무과에 급제하여 임진왜란 때 선봉장으로 평양을 수복하였다. 훗날 좌의정에 추증되고, 경종 때 장양(壯襄)이라는 시호가 내려졌다.

풍작
농작물의 수확이 평년작(平年作 : 흉작도 풍작도 아닌 보통 정도의 농사)을 훨씬 웃도는 일. 또는 그렇게 잘 지은 농사.

"어서 낫을 버리고 칼과 활을 들라. 여진족을 막아야 한다."

이순신은 혹시나 하는 마음에서 항상 들판에 칼과 활을 준비시켜 놓고 여진족의 침입에 대비하고 있었다. 하지만 군사들을 이끌고 여진족이 쳐들어왔다는 지역으로 달려갔으나 이미 여진족이 휩쓸고 간 뒤였다. 이순신과 군사들은 여진족을 추격하였다. 그들은 두만강을 건너는 중이었다. 이순신은 조준照準을 한 다음 활시위를 당겼다.

"휘익!"

화살이 발사되자, 말이 하늘로 솟구치더니 말을 타고 있던 사람이 땅으로 고꾸라졌다. 바로 여진족의 족장이었다. 족장이 죽자 여진족은 혼비백산魂飛魄散하여 도망쳤다. 그러나 조산보 군사의 수가 얼마 안 되어 더 이상 쫓을 수가 없었다. 이순신은 녹둔도에서 잡혀가는 사람들을 다 구하지 못하고 추격을 멈추었다. 하지만 이순신의 뜻대로 군사들을 더 지원해 주었다면 여진족을 완전히 쫓아낼 수 있는 기회였는데 안타까운 일이었다.

녹둔도에서 여진족의 침입으로 피해를 보았다는 소식은 함경도 병마절도사인 이일에게도 알려졌다.

"이순신이라는 놈이 거만하여 거들먹거리더니 결국 이런 꼴을 당했구나. 당장 이순신을 잡아들여라."

이일의 명령에 이순신이 잡혀왔다.

"대체 너는 적을 막지 않고 뭘 했단 말이냐?"

그러자 이순신은 이일을 노려보며 말했다.

조준
화살의 활이나 총이나 포 따위로 발사하는 탄환이 목표물에 명중하도록 겨냥함.

혼비백산
혼백이 어지러이 흩어진다는 뜻으로, 몹시 놀라 넋을 잃음.

"영감, 제대로 막지 못한 것이 아닙니다. 만일 군사가 지금보다 조금만 더 많았다면 우리가 완전히 여진족을 물리칠 수 있었습니다. 조산보에 병사가 필요하다고 제가 여러 번 글을 올린 적이 있습니다. 만일 이 일을 조정에서 아신다면 영감은 죄를 면하지 못할 것입니다."

"저놈이 감히 누굴 협박하는 게야? 당장 옥에 가두어라."

다음날 이일은 녹둔도의 전투상황 장계狀啓를 조정에 올렸다. 물론 장계에는 자신의 잘못은 빼고 이순신이 잘못 대처對處하여 많은 피해를 보았다는 내용이었다.

이일의 보고서를 받은 조정에서도 난감해했다. 함경도 병마절도사인 이일의 보고를 무시할 수도 없고, 그렇다고 그동안 세운 공적을 본다면 이순신에게 벌을 주기도 어려운 일이었다. 그만큼 나라에는 장수가 귀했고, 이순신이 뛰어난 인재임은 분명했다.

결국 조정에서는 이순신에게 백의종군白衣從軍하라는 명령을 내렸다.

그리하여 이순신은 백의종군으로 전투에 참여하였고, 다음 해 1월, 여진족의 중심지인 시전부락을 점령하는 공을 세워 그 죄를 벗었다.

> **장계**
> 왕명을 받고 지방에 나가 있는 신하가 자기 관하(管下)의 중요한 일을 보고하던 일 또는 그런 문서.
>
> **대처**
> 어떤 정세나 사건에 대하여 알맞은 조치를 취하는 것.
>
> **백의종군**
> 벼슬 없이 군대를 따라 싸움터로 감.

【 조선시대 계계표 】

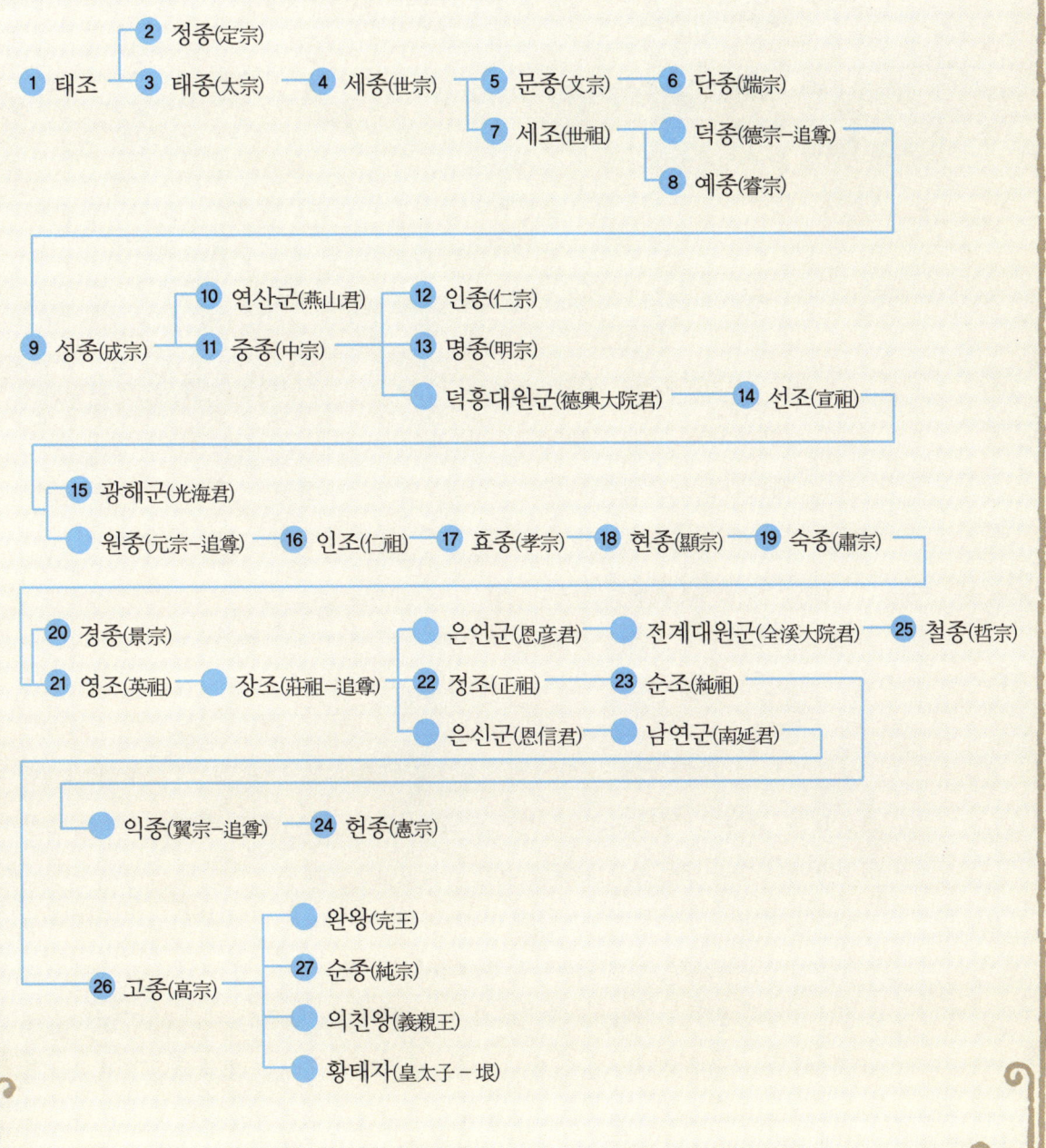

| 조선시대 이야기 | 05

옛날에도 일요일과 공휴일이 있었나요?

노는 것은 누구에게나 즐거운 일입니다. 일요일은 일주일의 피로를 풀고, 재충전의 기회를 찾고자 하는 뜻에서 생겨났습니다. 그럼 일요일은 언제부터 있었던 것일까요?

일요일제는 1895년 4월부터 쓰기 시작했으며, 그 이전에는 없었다고 합니다. 그렇다고 일년 내내 일만 하지는 않았답니다. 고려·조선시대에도 오늘날처럼 한 달에 다섯 번의 정기 휴일이 있었답니다.

요즈음처럼 일요일이 따로 있는 것은 아니었지만 음력으로 매달 1일, 8일, 15일, 23일, 그리고 달을 가르는 절기(입춘, 경칩, 청명, 입하 등)가 드는 날이 정기 휴일이었답니다.

그런데 이 절기 절입일은 태양력으로 계산이 되기 때문에 잘하면 연휴가 되기도 하고, 아니면 겹치게 되어 관리들은 새해가 되면 서운관書雲觀에 몰려 들어가 연속 휴일이 며칠이나 되나 세어 보기도 했답니다.

일주일은 왜 7일일까요?

서양에서 일주일을 7일로 잡은 이유에 대해서는 많은 설이 있습니다. 그 중에서도 초승달, 반달, 보름달, 반달, 하현달의 간격이 7일이라서 생겼다는 설과, 옛날 바빌로니아에서 7을 신성하게 생각한데서 나왔다는 설도 있습니다. 이밖에 망원경이 나오기

전까지 천체에 태양, 달, 수성, 금성, 화성, 목성, 토성의 7개의 천체만이 있다고 생각한데서 나왔다고도 합니다. 영어의 요일명은 이 천체의 신화속에 나오는 신의 이름에서 나온 말들입니다.

옛날에도 연휴가 있었나요?

옛날에는 매월 1일, 8일, 15일, 23일 그리고 절기 절입일(순태양력 매월 1일) 등 5일은 오늘날의 일요일이었습니다. 그런가 하면 국정 공휴일로 정해진 날도 따로 있었습니다.

설날부터 7일, 그리고 정월에는 자일(子日:달력의 일진에 子가 들어가는 날)과 오일(午日:일진에 午가 들어가는 날)에도 쉬었습니다. 대보름에는 3일 연휴, 단오에도 3일 연휴, 연등회에도 3일 연휴였답니다. 그러나 추석에는 하루만 휴일이었답니다. 특이한 것으로는 일식과 월식이 있으면 그날은 부정을 탄다 하여 공무를 보지 않았다고 하니 참 재미있는 이야기지요. 일식, 월식 계산은 서운관에서 계산해서 미리 알려 주었다고 합니다.

서운관 조선시대 때 천문·재상·역일·추택 따위의 일을 담당했던 관아 1392년(태조 원년)에 설치되어 세조 12년 (1466년)에 관상감으로 바뀌었다.

聖雄 李舜臣

6. 당파싸움과 십만 양병설 十萬養兵設

도요토미 히데요시

일본의 무장(1536~1598년). 본래 아버지 때부터 오다(織田信長)의 부하로 낮은 지위에 있었으나, 1563년부터 두각을 나타내어 1590년 전국을 통일하고, 일본의 봉건제도를 확립하였다. 그 후 외국 침략의 야욕을 품고 명나라를 친다는 이유로 조선을 공격(1592년), 임진왜란을 일으키는 장본인이 되어 스스로 규슈의 나고야에서 군대를 지휘하였다. 하지만 1597년 철군(撤軍)하라는 유언을 남기고 병으로 죽었다.

내전
같은 나라 안에서 일어나는 싸움.

조총
화약에 불을 붙여 쏘는 구식 총. 화승총.

　1590년(선조 23년), 일본은 큰 변화를 겪고 있었다. 도요토미 히데요시豊臣秀吉가 200년 이상이나 끌어온 내전內戰을 끝내고 전국을 통일하였기 때문이었다. 일본을 통일한 도요토미 히데요시는 조선을 거쳐 명나라까지 정복하겠다는 허황된 꿈을 꾸고 있었다. 그래서 군사훈련을 강화하고, 조총鳥銃을 만들고, 첩자를 보내 기회를 노리고 있었다.

　그런데 정작 조선에서는 태평하게 여기고 있었다. 1584년, 단 한 사람 율곡 이이李珥만 정치와 군사, 그리고 경제에 관련해서 나라의 힘을 길러야 하며, 10년 동안 한성에 2만, 각 도마다 1만씩 도합 10만의 군사를 길러야 한다는, 이른바 10만 양병설을 주장하였다. 아울러 군대는 하루아침에 만들어질 수가 없으므로 시간이 있을 때 국가의 변란變亂에 대비해야 하며, 군량미를 비축하고 재정을 튼튼히 하며, 국민들의 사기를 높여야 한다고 임금께 아뢰었다.

그러자 조정 관리들은 시큰둥한 반응을 보였다.

"이토록 태평할 때 군사를 늘리는 것은 백성들에게 불안을 안겨 줄 수 있습니다."

"민심을 흉흉하게 할 우려가 있습니다."

관리들의 이러한 반응에 선조도 뜻을 꺾을 수밖에 없었다.

"앞으로 좀 더 생각하고 추진하기로 합시다."

이이는 미래를 멀리 내다볼 줄 모르는 관리들이 걱정스러웠다. 또한 평소에 아끼던 후배인 유성룡을 꾸짖으며 말했다.

"보잘 것 없는 선비는 본래 앞일을 생각하지 않는 근시안近視眼이기 마련이오. 그러나 어찌 공도 그렇단 말이오?"

유성룡도 일본이 침략할 수 있다고 생각했지만, 자신이 동인東人에 속해 있었기 때문에 반대하는 동인들을 배신하고 혼자서만 찬성할 수는 없었던 것이다. 유성룡은 머리를 숙이고 아무 말도 하지 못했다. 이 무렵 동인과 서인西人으로 갈라진 조정 관리들은 나라의 미래보다는 자신이 속해 있는 당파의 이익에만 급급하던 형국形局이었다. 동인은 훗날 북인北人과 남인南人으로 또 분리되었다.

훗날 선조는 이이의 말을 기억하고, 일본에 통신사通信士를 보냈다. 그런데 일본을 둘러보고 온 통신사 황윤길과 김성일은 서로 다른 보고를 했다.

"전하, 도요토미 히데요시는 무척 위험한 인물이옵니다. 전쟁에 대비하심이 옳은 줄 아뢰옵니다."

변란
사변이 일어나 세상이 어지럽거나 그러한 소란.

비축
만약의 경우를 대비하여 미리 모아 두거나 갖추어 저축함.

근시안
눈앞의 일에만 사로잡혀 먼 앞날의 일을 짐작하는 지혜가 없음을 비유적으로 이르는 말.

동인
조선시대의 붕당(朋黨) 가운데 김효원과 유성룡 등을 중심으로 하여 서인과 대립한 당파. 또는 그 당파에 속한 사람. 김효원의 집이 서울 동쪽에 있었던 것에서 동인이라는 명칭이 유래되었다. 주로 영남 사림파가 주류를 이루었고, 선조 24년(1591년)에 다시 남인과 북인으로 나뉘었다.

서인
조선 선조 때 심의겸을 중심으로 하여 동인(東人)과 대립한 당파. 또는 그에 속한 사람. 초기의 중심인물은 박순, 정철, 김계희, 윤두수 등으로 이이(李珥) 생존시에는 동인보다 우세했으나 그가 사망한 후 동인에게 눌렸다. 뒤에 청서·훈서, 소서·노서, 노론·소론, 시파·벽파 따위로 시기에 따라 여러 갈래로 갈라졌다.

형국
어떤 일이 벌어진 형편이나 국면.

황윤길의 보고에 함께 동행同行했던 김성일은 다른 말을 했다.

"전하, 도요토미 히데요시는 보잘 것 없는 인물입니다. 그런 자가 조선을 침략한다니요. 말이 되지 않사옵니다."

두 사람의 보고를 들은 선조는 갈피를 잡을 수가 없었다.

그 무렵 선조는 당파싸움에 휘말려 나랏일을 제대로 돌보지 못하고 있었다. 그런데 이런 때에 전쟁준비를 하게 되면 백성들은 선조를 원망할 것이 뻔했다. 선조는 백성들에게 원성怨聲을 사고 싶지 않았다. 그래서 선조는 황윤길의 보고를 뒤로 한 채 김성일의 말을 따랐던 것이다.

이 소식을 들은 이순신은 하늘을 쳐다보며 한숨을 지었다. 이광의 군관 겸 조방장으로 일하고 있던 이순신은 1589년 11월에는 선전관을 겸하였고, 12월에는 전라도 정읍 현감縣監으로 부임하였다. 그리하여 백성들의 가장 큰 고충인 관리들의 세금 포탈을 철저하게 막는데 힘써 백성들의 칭송을 받게 되었다.

선조 24년인 1591년, 선조는 실력 있는 장수들을 골라 경상도와 전라도, 충청도에 군사 책임자로 보내라 명령했다. 이때 전라좌도 수군절도사水軍節度使로 이순신이 임명되었다. 종6품 현감에서 종3품으로 무려 6등급이나 한꺼번에 올랐으니 이를 시기하는 무리들로 인해 이순신의 앞날이 험난할 것은 불을 보듯 뻔한 일이었다.

전라좌수사가 된 이순신은 여수에 도착하자마자 진지陣地를 꼼꼼히 살펴보았다. 그런데 전라좌수영의 진지를 둘러본 이순신은 할 말을 잃었다. 술에서 덜 깬 군사들이 성벽에 기대어 졸고 있었

북인
조선시대 사색당파 가운데 이발(李潑), 이산해를 중심으로 한 당파. 우성전, 유성룡 등을 중심으로 한 남인(南人)에 상대하여 이르는 말이다.

남인
조선 선조 때에 동인(東人)에서 갈라진 당파. 이산해를 중심으로 한 북인(北人)에 대하여 유성룡, 우성전을 중심으로 한 파를 이른다. 경종 이후 정계에서 멀어져 고향에서 학문과 교육에 전념하였다.

통신사
조선시대 때, 우리나라에서 일본으로 보낸 사신을 일컫는다.

동행
같이 감.

원성
원망하는 소리.

조방장
한 지역을 지키는 장군.

현감
조선시대에 둔, 작은 현(縣)의 으뜸 벼슬. 품계는 종6품으로 고려시대의 감무(監務)를 고친 것인데 감무보다는 권한이 강하였다.

수군절도사
조선의 수군을 지휘하기 위하여 둔 정3품의 관리.

진지
적군과 싸우기 위해 구축해 놓은 지역.

기 때문이다.

"지금 뭣들하고 있는 게냐?"

이순신은 벼락같이 소리쳤다. 그 소리에 놀란 군사들은 주섬주섬 무기를 집어 들었다.

"지금부터 무기를 검사한다. 모두 무기들을 내 봐라."

이순신의 명령에 군사들은 무기를 내밀었다.

"네 이놈, 이렇게 녹슬고 무딘 칼로 적은 고사姑捨하고 무라도 자를 수 있겠느냐?"

칼을 내보인 군사는 고개를 푹 숙였다.

"자, 활을 꺼내 보아라."

이순신은 다른 군사에게 말했다.

"너는 이 활로 무엇을 하겠다는 게냐? 어디 새라도 한 마리 잡겠느냐?"

이순신은 축 늘어진 활시위와 화살촉도 없는 화살을 가리키며 말했다.

"내 이번에는 배를 둘러볼 것이다. 길을 안내하라."

이순신은 바닷가로 나가 배를 둘러보았지만 더욱 기가 막혔다. 몇 척 되지 않는 배의 밑바닥은 부서져 금방이라도 물이 들어찰 듯했고, 포는 녹슬어 있었기 때문이었다.

"그래, 포는 그렇다 치고 포탄은 어디에 있느냐?"

"그것이……."

"왜 말을 못 하느냐?"

> **고사하다**
> (조사 ~은/~는 뒤에 쓰여) 더 말할 나위도 없이. 앞의 사실보다 뒤의 사실이 더 좋지 않거나 심할 때 쓰임.

"무기 창고倉庫에 있사오나……."

군사는 쩔쩔매며 말했다.

"둘러볼 것이니 어서 앞장서라!"

이순신은 군사를 앞세워 무기 창고에 도착했다. 무기 창고에는 새빨갛게 녹이 슨 칼과 창이 어지러이 놓여 있었다.

"이런 정신으로 어찌 적들을 막아낼 거란 말이냐! 이제부터 군사와 무기관리에 대한 책임을 각 책임자에게 엄히 물을 것이다."

이순신은 정신이 번쩍 들도록 호통을 쳤다.

군사들은 당장 진지로 돌아가서 배와 녹슨 무기를 수리하기 시작했다. 또 무너져 내린 성벽을 다시 쌓고 군량軍糧을 모았다.

이순신은 하루도 거르지 않고 성과 무기 창고, 식량 창고를 살펴보았다. 그리고 군사들의 훈련도 꼼꼼히 점검했다. 또 이순신은 무기 기술자를 불러와 새로운 무기를 만드는 데도 힘을 기울였다.

그러던 어느 날, 배를 만드는 기술자技術者 나대용羅大用이 이순신을 찾아왔다.

"무슨 일이오?"

"장군님, 긴밀히 드릴 말씀이 있어 이렇게 찾아왔습니다. 혹시 거북선이라고 들어보셨는지요?"

"태종太宗 임금 때 만들었다는 얘기는 들었소."

"제가 그 배에 대해 말씀드리려 왔습니다."

"말해 보게."

"전에 장군님께서 전투가 시작되면 가장 용감한 돌격선突擊船 군

군량
군대의 양식.

나대용
조선 선조 때의 수군 장군(1556~1612년). 자는 시망(時望). 거북선 건조 책임자로, 이 충무공과 함께 임진왜란 때 큰 공을 세웠다.

태종
조선의 제3대 왕(1367~1422년). 성은 이(李), 이름은 방원(芳遠). 자는 유덕(遺德). 태조의 다섯째 아들. 태조가 계비(繼妃)의 소생인 왕자를 세자로 책봉하자 세자를 보필하던 정도전과 세자를 죽이는 등 두 번의 왕자의 난을 일으킨 뒤 양위를 받아 즉위하였다. 조선을 건국하는 데 크게 공헌하였으며, 많은 치적을 거두어 왕조의 기틀을 세웠다. 재위 기간은 1400~1418년.

돌격선
전쟁할 때 가장 앞서 나가 싸우는 배.

사들이 가장 먼저 죽는다며 안타까워하셨지요?"

"그랬지."

"자, 이 그림을 좀 보시지요. 지금 우리가 쓰고 있는 판옥선板屋船입니다. 이것에 지붕을 씌운다고 생각해 보시기 바랍니다."

"지붕을 덮는다고? 지붕을 덮을 경우 적들이 지붕으로 올라올 것인데……."

이순신은 고개를 갸웃거렸다.

"걱정하지 마십시오. 지붕에 오르지 못하도록 송곳을 꽂으면 됩니다."

이순신은 나대용의 말에 손뼉을 쳤다.

"아주 좋은 생각이오! 여보게, 이건 어떤가? 거북선 지붕과 바깥쪽 벽에 수십 개의 포 구멍을 뚫는 걸세. 그렇게 하면 여러 방향으로 화포火砲가 발사될 것이 아닌가?"

"장군, 이렇게 만들어 보는 것은 어떤지요?"

"………."

"그럼 이건 어떤가?"

"………."

그렇게 그날 밤, 이순신과 나대용은 거북선의 설계設計를 놓고 밤새 이야기를 나눴다.

그리고 다음날부터 거북선 제작에 들어갔다. 군사들과 백성들도 나서서 물심양면物心兩面으로 일을 도왔다. 그렇게 몇 달이 지나자 이윽고 거북선이 완성되었다.

판옥선
조선시대 명종 때 개발한 것으로, 널빤지로 지붕을 덮은 전투선(戰鬪船). 임진왜란 때에 큰 활약을 하였다.

화포
대포처럼 화약의 힘으로 탄환을 내쏘는 대형 무기.

설계
건축·토목·기계 제작 따위에서, 그 목적에 따라 실제적인 계획을 세워 도면 따위를 만드는 일.

물심양면
물질적인 것과 정신적인 것의 두 방면.

이순신과 나대용은 초조한 마음으로 거북선을 앞바다에 띄웠다.

거북선은 서서히 돛을 올리며 바다로 나아갔다. 그리고 천지를 뒤흔들 듯한 포성을 울렸다.

"와!"

사람들은 탄성을 질렀다. 그러자 거북선은 화답이라도 하듯 다시 한번 포성을 울렸다.

드디어 1592년 3월 27일, 거북선이 여수 앞바다에 그 모습을 드러내게 되었다.

임진왜란 당시 사용된 무기들 (사진 제공 – 현충사)

현자총통

천자총통

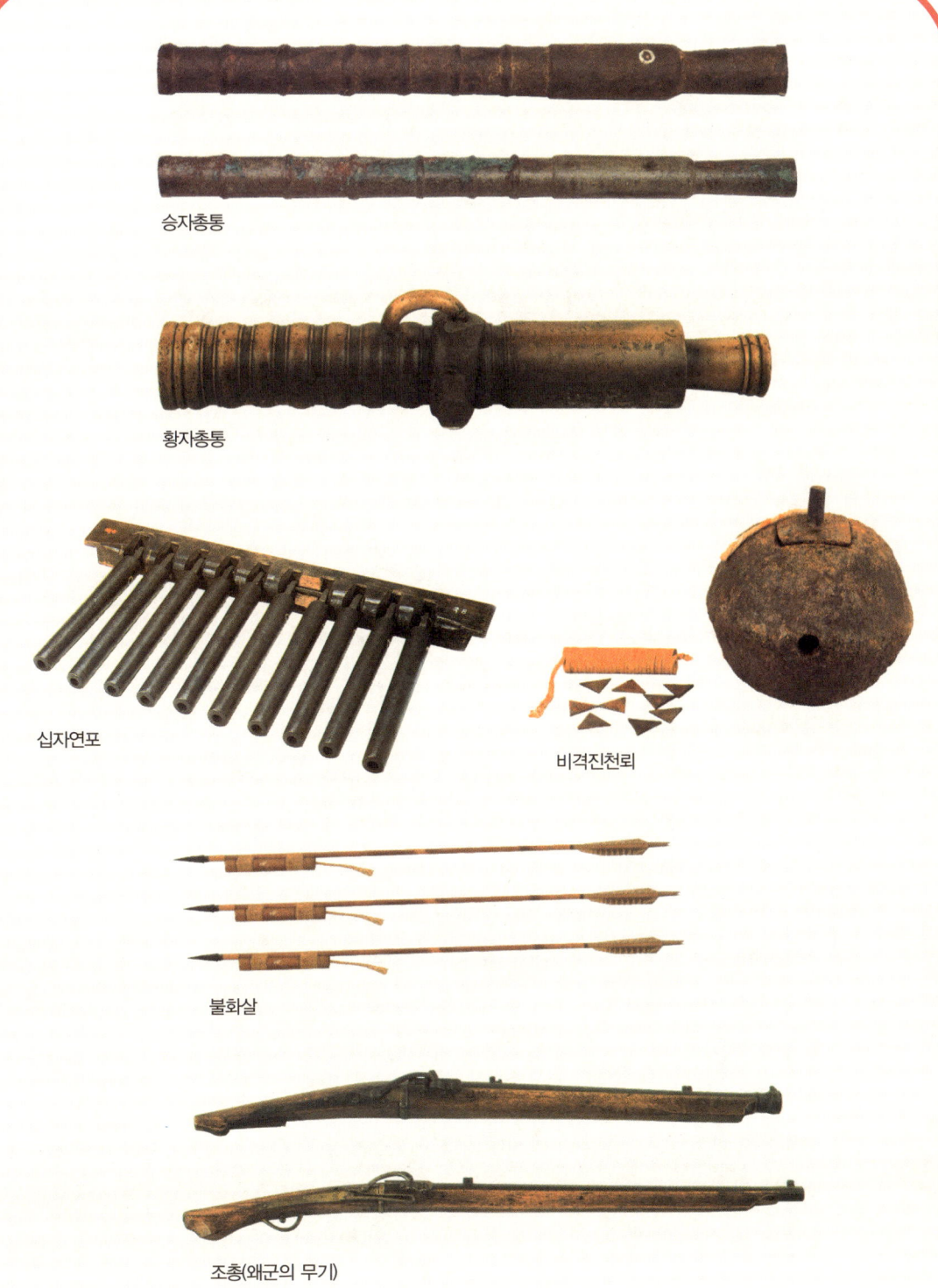

| 조선시대 이야기 | 06

당파싸움은 오늘날의 정당정치와 같은 것인가요?

당黨이란, 중국의 주나라에서 5백 호戶를 가리키는 말이었습니다. 이때에는 향당鄕黨이란 말을 썼지요. 그런데 이와는 달리 현대적인 정당政黨의 의미는 '정치적 의견을 같이하는 사람들의 집합체' 라는 뜻입니다. 그러므로 정당원政黨員은 사상이나 이념, 정책 등을 같이하는 사람들이라고 할 수 있습니다.

우리나라에서도 조선시대에 접어들면서 붕당朋黨이 형성되었습니다. 붕당이란, 이해나 주의 따위를 함께 하는 사람끼리 뭉친 정치적 동아리라고 할 수 있습니다.

일본의 역사학자들에 의하여 이러한 붕당정치가 당쟁으로 잘못 인식된 때가 있었답니다. 하지만 그것은 일제의 영향을 받았기 때문이지요.

성리학性理學의 형식적인 면이 지나치게 명분과 의리를 내세워 서로 합치지 못했기 때문에 일어난 것입니다. 그러나 이것은 겉으로 드러난 모습이고, 실제로는 국가정책을 결정하는 데 각기 다른 주장과 의견을 활발하게 내놓아 장점을 국가정책으로 선택하는 쪽으로 나아간 사례가 훨씬 많았습니다.

정권을 잡고 있는 붕당은 언제나 잡지 못한 붕당의 견제를 받았지요. 그래서 상대 당에게 약점을 잡히지 않으려고 부정·부패가 거의 없었답니다. 다시 말해 붕당 정치는 올바른 길과 올바른 의견을 존중하는 사림의 정치이념에 바탕을 둔 것으로, 관료들

조선시대 청화백자 용문반

의 정치 비판 기능이 커지고 개인의 의견보다 집단의 의사인 공론이 정치를 주도하게 되어 정치의 부패가 그만큼 줄어들 수 있었던 것입니다. 이 같은 사실은 순조 이후의 일당 독재가 있기 전까지는 민란이 발생하지 않은 사실로 증명이 됩니다. 이런 면에서 볼 때 오늘날의 여당과 이를 견제하는 야당의 관계로 보아도 될 것 같습니다.

물론 붕당정치에도 감투싸움과 권력싸움이 있었습니다. 정당이 곧 정권을 차지하기 위한 모임이라는 측면에서 보자면 너무나 자연스러운 일이었습니다.

| 우리 역사 바로 알기 |

거북선

(사진 제공 - 현충사)

조선 초기의 기록인 《태종실록》에 이미 거북선에 관한 기록이 있으나 임진왜란 때 활용된 거북선은 이순신이 휘하 장수들과 함께 만든 것이다.

세계 최초의 철갑선으로 등에는 창검과 송곳을 꽂아 적이 올라오지 못하게 하였고, 앞머리와 옆구리 상방에 화포를 설치하였다.

귀두
횡량
현자포혈
횡량
현란
노판
현판

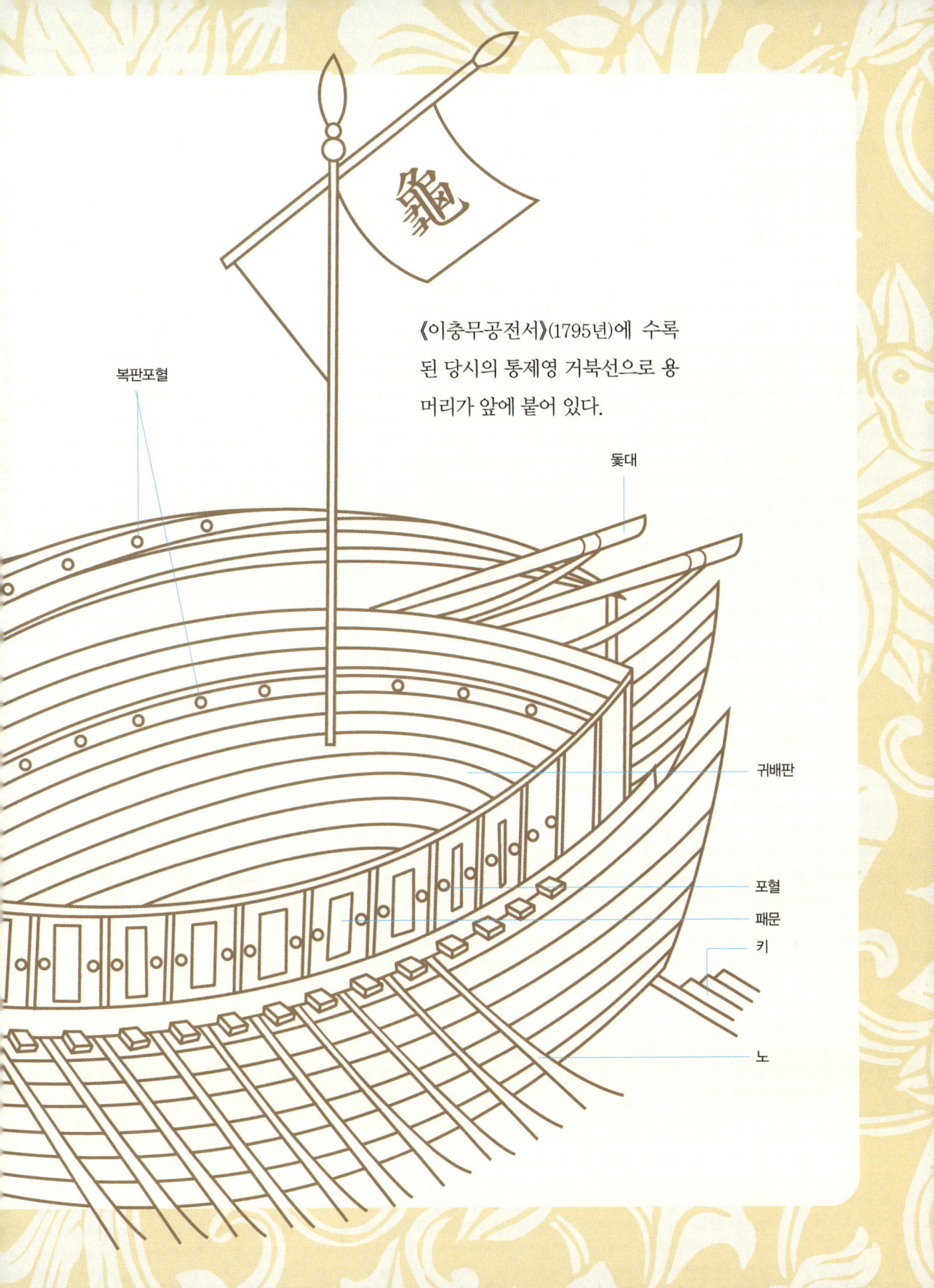

《이충무공전서》(1795년)에 수록된 당시의 통제영 거북선으로 용머리가 앞에 붙어 있다.

- 복판포혈
- 돛대
- 귀배판
- 포혈
- 패문
- 키
- 노

7. 거북선이여, 나아가라

원균
조선 선조 때의 무신(?~1597년). 자는 평중(平仲). 1592년 경상우수사로 있으면서 4월에 왜군이 침입하자 도망가려 하다가 이순신의 도움으로 승리하였다. 그 후 이순신이 삼도 수군통제사가 된 것에 불복하여 충청도 병마절도사로 좌천되었다. 원균의 시기와 남인·북인의 모함으로 이순신이 하옥되자 삼도 수군통제사가 되었다. 정유재란 때 적의 유인 전술에 말려들어 칠천도(漆川島)에서 수군이 전멸되고 자신은 육로로 도망하다가 전사하였다.

고니시 유키나가
임진왜란 당시 선봉장이었던 일본의 장군(?~1600년). 상인인 아버지가 도요토미 히데요시[豊臣秀吉]의 밑에서 주요 관리를 역임했다. 유키나가는 조선 땅에 맨 처음 상륙하여 평양성까지 점령하는 등 처음에는 승전하여 이름을 떨쳤으나 결국 조선의 동맹국이던 명나라의 휴전 제안을 받아들여야만 했다. 협상은 결론 없이 1597년까지 끌었고, 같은 해 히데요시는 다시 조선 침략을 꿈꾸다가 죽었다. 유키나가는 귀국하여 후계자 결정을 둘러싼 내란에 휘말리게 되고, 1600년 세키가하라[關原] 전투에서 도

    1592년(선조 25년) 4월 13일, 왜군 15만 명이 우리나라를 쳐들어왔다. 이순신은 경상우수사 원균元均의 편지를 받고 걱정하던 것이 그대로 현실이 된 듯하여 눈앞이 캄캄했다.

    부산진 첨사 정발은 왜군을 막으려 애썼으나 군사의 수가 워낙 부족하여 어쩔 수 없었다. 이어서 고니시 유키나가小西行長가 동래성을 향하자 동래 부사 송상현宋象賢은 울산의 경상도 좌병사 이각李珏, 양산 군사 조영규, 울산 군수 이언성을 불러들이고 군사를 모아 싸울 태세를 갖추었다. 그러나 이각은 왜군의 엄청난 규모를 보고 겁에 질려 야간도주夜間逃走를 했다. 송상현은 동래성을 굳게 잠그고 왜군을 기다렸다. 그리고 병사와 백성들에게 말했다.

    "선비가 한번 뜻이 섰으면 그 뜻으로 죽는 것이다. 내가 못난 사람이나 백성 수천의 어버이와 같은 자이니 북쪽의 임금을 위하여

죽으리라."

1592년 4월 15일, 고니시 유키나가는 부산성에서와 같이 판자를 세워 글을 써 송상현에게 알렸다.

'싸울 테면 싸우자. 싸우지 않으려면 길을 비켜라.(戰則戰矣 不戰則假道)'

그러자 송상현도 판자를 세워 글을 적었다.

'싸우다가 죽기는 쉬워도 길을 비키기는 어려우니라.(戰死易 假道難)'

동래성에서 송상현과 성 안의 백성들은 화살이 떨어져 돌과 기왓장까지 동원하여 싸웠으나 수적으로 부족하여 결국 지고 말았다. 이 싸움에서 전사戰死가 3천 명이요, 포로가 5백 명이나 되었다. 송상현은 싸움이 절대적으로 불리하다는 것을 깨닫고 안으로 들어가 깨끗한 관복으로 갈아입었다.

"나으리, 무슨 일이십니까? 갑옷은 왜 벗으셨습니까?"

그를 보좌하던 부하 장수가 물었다.

"나라와 백성을 지키지 못한 죄인이 어찌 혼자 살겠다고 갑옷을 입겠느냐? 백성들과 같이 의연하게 죽음을 맞아 그들의 저승길 동무라도 해야 하지 않겠느냐!"

"나으리……."

송상현은 홀로 마루에 앉아 눈을 감고 있었다. 두 줄기 눈물이 볼을 타고 흘러내렸다.

이때 왜국 적장 다이라平調益가 다가와 말했다.

쿠가와 이에야스[德川家康]에게 통치권이 넘어가는 것을 막으려 했으나 실패로 끝났다. 고니시가 참패의 수모를 당했으면서도 동료들이 예상했던 자결을 거부했던 것은 가톨릭 신자였던 종교적인 믿음 때문이라 할 수 있다. 결국 그는 체포되어 처형당했다.

송상현
조선 선조 때의 문신(1551 ~1592년). 자는 덕구(德求). 호는 천곡(泉谷). 1576년에 문과에 급제, 호·예·공조의 정랑 등을 거쳐 임진왜란 때 동래부사를 역임했다. 동래부에 적군이 쳐들어오자 이각(李珏)이 겁을 먹고 도망치는 것을 보고 남문(南門)에 올라가 싸움을 독려하고 순절하였다.

야간도주
남의 눈을 피하여 한밤중에 도망함.

전사
싸움터에서 싸우다가 죽음.

"아무리 적이라지만 장군의 충성심과 백성들을 위하는 마음에는 나도 매우 감동했소. 어서 일어나 뒷문으로 나가시오. 장군을 살려주겠소."

그러나 송상현은 말없이 일어나 임금이 계시는 북쪽을 향해 세 번 절을 올렸다. 그리고 결국 적병에게 피살되었다. 이에 왜국 적장은 송상현의 행동에 감복感服하여 그를 살해한 자신의 부하를 죽였다. 송상현의 하인과 가족도 그 자리에서 순절殉節하였다.

이순신에게 전해오는 소식은 점점 절망적이었다. 부산과 동래를 점령한 왜군은 세 곳으로 갈라져 위로 올라가는 중이라고 했다. 왜군이 한성으로 향했다는 소식에 조정에서는 이일李鎰과 신립申砬을 파견했다. 그러나 이일은 상주에서, 신립은 충주 탄금대彈琴臺에서 크게 패하고 말았다.

왜군들은 닥치는 대로 집을 불사르고 백성들을 죽였으며 재산을 빼앗았다. 백성들은 고향을 버리고 피난길에 나섰다. 급기야 임금도 4월 29일 새벽, 억수같이 내리는 비를 맞으며 한성을 떠나 평양으로의 피난길에 올랐다.

"전하, 우리를 버리고 떠나시면 어떡합니까?"

"전하, 한성을 버리시면 아니 되옵니다."

"전하, 전하!"

백성들은 북으로 피난避難 가는 임금과 관리들을 향해 통곡했다. 피난 가는 이들도 가슴이 찢어지는 듯했다. 하지만 가만히 앉아서 당할 수만은 없는 일이었다. 우선 피난한 뒤 기회를 만들어야 했

감복
마음속으로 깊이 느껴 충심으로 따르는 것.

순절
충절이나 정절을 지켜 죽는 것.

탄금대
충청북도 충주시 북서부 대문산(大門山)에 있는 명승지. 우륵이 제자들을 가르치며 가야금을 탔던 곳이다. 임진왜란 때에 신립이 전사한 탄금대 싸움의 격전지.

피난
재난을 피하여 먼 곳으로 옮겨 감.

김명원
조선 중기의 문신(1534~1602년). 자는 응순(應順). 호는 주은(酒隱). 1561년에 장원 급제하였다. 임진왜란 때 팔도 도원수로서 서울을 지키다가 패퇴하고 피난 간 왕의 행궁을 지켜 냈다. 호·예·형·공조 판서를 역임한 후 왜군이 재침하자 유도대장으로 공을 세운 뒤 우의정에 올랐다.

이양원
조선 선조 때의 문신(1526~1592년). 자는 백춘(伯春). 호는 노저(鷺渚)·남파(南坡). 선조 24년(1591년)에 우의정이 되고 임진왜란 때에 양주(楊州) 해유령(蟹踰嶺) 싸움에 승리하여 그 공으로 영의정에 올랐다. 의주(義州)에 있던 선조가 랴오둥(遼東)으로 피난 갔다는 잘못된 소문을 듣고 단식하다가 8일 만에 죽었다.

출전
싸우러 나감.

이순신
조선 선조 때의 무신(1554~1611년). 자는 입부(立夫). 종실 양녕대군(讓寧大君)의 후손. 임진왜란 때에 이순신(李舜臣) 장군의 중위장(中衛將)이 되어 옥포·부산·안골포 등에서 공을 세웠고, 뒤에 완천군(完川君)에 봉하여졌다. 동명이인(同名異人)이므로 본문에서 쉽게 구별할 수 있도록 한자를 표기했음.

신호
조선 선조 때의 무신(1539~1597년). 자는 언원(彦源), 본관은 평산. 1567년에 무과에 급제하여 조산 만호, 도총부도사를 거쳐 낙안을 지키는 장수로 있었다. 임진왜란 때 이순신을 따라 공을

다. 그제야 선조는 이이의 십만 양병설을 귀담아 듣지 않은 것이 후회되었다.

'진작 이이의 말을 들을 것을……'

5월 2일, 마침내 왜군이 한성을 점령하였다. 원래 한성을 지키기로 했던 도원수 김명원金命元과 유도대장 이양원李陽元 등은 미리 겁을 먹고 도망쳐 왜군은 싸움 한번 하지 않고 손쉽게 수도를 점령한 것이다. 그러나 왜군대장 고니시 유키나가는 이해할 수가 없었다. 서울이 점령당하면 전쟁에서 지는 것으로 알고 있었는데 조선에서는 그렇지 않아 당황스러웠던 것이다.

'이게 아닌데……. 전쟁이 길어지면 우리의 계획에 차질이 생기는데…….'

한편 한성이 점령당했다는 소식에 이순신은 더 이상 기다릴 수가 없었다. 임금에게 몇 번이나 출전出戰 명령을 내려달라고 상소를 올렸지만 피난 가느라 정신이 없는 상황에서 소식이 올 리가 없었다. 이순신은 방답 첨사 이순신李純信, 낙안 군수 신호申浩, 흥양현감 배흥립裵興立, 광양 현감 어영담魚泳潭, 발포 만호 나대용, 보성 군수 김득광, 녹도 만호 정운鄭運, 여도 권관 김인영, 사도 첨사 김완金完 등의 장수들을 진해루로 불렀다.

"전하께 출전 명령을 내려달라고 여러 번 상소를 올렸으나 지금까지 소식이 없소. 나라가 이 지경에 이르렀으니 여러분들의 의견은 어떻소?"

그러자 녹도 만호 정운이 나섰다.

이순신 | 1. 성웅聖雄 이순신

"장군, 더 이상 무엇을 기다리고 계십니까? 백성들이 죽어 가는데……."

낙안 군수 신호가 이를 말렸다.

"장군, 전하의 명령 없이 싸우다가 혹시라도 나중에 변을 당하시면 어떡하시겠습니까? 더구나 지금 적들은 경상도에 있습니다."

그러자 방답 첨사 이순신李純信이 나섰다.

"무슨 말씀이오? 나라를 지키는데 경상도와 전라도가 어디에 있습니까? 경상도에 살든 전라도에 살든 모두 우리나라 백성이 아닙니까?"

장수들의 말을 듣고 있던 이순신이 일어섰다.

"여러분들의 뜻은 잘 알겠소. 하지만 나의 마음은 이미 정해졌소. 바로 출전할 것이오. 백성들이 어디에 있든지 왜군의 칼 아래 고통을 겪는 것은 마찬가지가 아니겠소. 내일 경상도 우수영을 향해 떠날 것이니, 오늘밤 모두 전투 준비를 하고 좌수영으로 모이시오."

그때 밖에서 군졸의 목소리가 들려왔다.

"장군, 여도 수군 황옥천이 출전한다는 소리를 듣고 도망치다 잡혔다고 하옵니다."

왜군과 싸우기를 반대했던 장수들의 얼굴에 그것 보라는 듯이 비웃음이 스쳐지나갔다.

"나라가 바람 앞에 놓인 등잔불과 같이 어려운 때에 도망을 치다니! 그놈의 목을 베어 모든 군사가 볼 수 있도록 성문에 매달아라."

세웠고, 1597년에 남원을 지키다가 전사했다. 후에 형조판서로 추증되고, 남원에 충렬사(忠烈祠)를 세우고 제사하게 했다.

배흥립
조선 선조 때의 무신(1546~1597년). 자는 백기(伯起), 본관은 성산. 1572년에 무과에 급제하여 선전관을 지냈고, 임진왜란 때 조방장으로 공을 세워 가의대부에 이르렀다. 칠전도 싸움에서 단선(單船)으로 적을 막았고, 그 외의 싸움에서도 언제나 선봉 역할을 하였다. 공조판서, 수군절도사, 총관 등의 벼슬을 역임하였다.

어영담
조선 선조 때의 무신. 본관은 함양(咸陽). 임진왜란 때 이순신의 지휘 아래 옥포 등 여러 싸움에서 공을 세웠고, 정유재란 때는 노량해전에서 공을 세워 당상관이 되었다.

정운
조선 선조 때의 무신(1543~1592년). 자는 창진(昌辰), 본관은 하동(河東). 녹도(鹿島) 만호로서 임진왜란 때 이순신의 선봉장이 되어 옥포·당포·한산 등의 해전에서 큰 전과를 올리고, 부산포 해전에서 전사하였다. 후에 북병사와 병조판서로 추증되었다.

김완
조선 선조 때의 무신(1577~1635년). 자는 자구(子具). 임진왜란 때에 무공을 세워 용맹이 알려졌고, '이괄의 난'을 평정하여 진무공신에 올랐다. 그 뒤 부총관·전라우수사를 거쳐 훈련원 도정, 황해도 병마절도사를 지냈다.

이순신의 명령에 장수들은 깜짝 놀랐다. 인자하고 자상한 평소의 모습과는 전혀 다른 모습이기 때문이었다.

"지금부터 자기 한 몸을 돌보기 위해 나라를 버리는 자는 살아남지 못하리라."

이순신의 목소리는 서릿발처럼 차가웠다.

1592년 5월 4일, 드디어 이순신은 출전 명령을 내렸다.

"지금부터 우리는 우리나라를 침범한 왜군을 한 사람도 남김없이 처벌하러 간다. 용감한 병사들아, 우리 백성들을 죽인 원수를 갚기 위해 자, 진군하라!"

이순신의 명령에 병사들은 함성으로 답했다.

"와아! 와아!"

이순신은 포구浦口로 나가서 전선을 헤아려보았다. 판옥선板屋船 24척, 협선 15척, 포작선鮑作船 46척 등 모두 합쳐 85척이었다. 좌수영의 모래밭으로 수군들이 늘어섰다. 며칠 전까지만 해도 바다에는 거센 파도가 일고 있었는데 수군이 출동하는 날이 되자 이상하리만큼 잔잔했다. 이순신은 대장선 위에 우뚝 올라서서 수군의 배치를 살폈다.

조선 수군은 장수 열두 명의 지휘에 따라 움직이게 되어 있었다.

"김인영, 김득광, 어영담, 정운은 오른쪽 개이도로 들어가 적의 정세를 살피고, 나머지 대장선들은 모두 평산포를 거쳐 미조항으로 떠나라."

이순신의 명령이 떨어지자, 배들이 서서히 움직이기 시작했다.

서릿발
서리가 땅바닥이나 풀포기 따위에 엉겨 삐죽삐죽하게 성에처럼 된 모양이나 그것이 뻗는 기운을 일컬음.

포구
배가 드나드는 개의 어귀. 항구보다는 작음.

포작선
바다에서, 해물을 채취하는 사람들이 타는 작은 배.

임진왜란壬辰倭亂이 일어난 지 20일이 지난 뒤에서야 조선 수군은 전쟁터로 출동한 것이었다. 전쟁터로 향하는 이순신의 마음은 왜적을 무찌르고야 말겠다는 각오로 불타고 있었다.

5월 7일, 이순신은 왜군이 진을 치고 있는 천성 가덕도로 향했다. 척후선은 앞서면서 왜군의 동태動態를 살피고 있었다. 옥포 앞바다에 이르자 척후선에서 적이 나타났음을 알리는 불화살이 공중으로 높이 솟아올랐다. 이순신은 부하 장수들을 모았다.

"옥포에 적이 머물고 있다고 하니 장수들은 죽기를 각오하고 있는 힘을 다해서 싸워라. 함부로 가볍게 행동하지 말고, 태산처럼 무겁게 행동하라."

이순신의 명령에 따라 전선戰船들이 옥포를 향해 나아갔다.

옥포 앞바다에는 50여 척의 적선이 진을 치고 있었다. 왜군들은 옥포 마을을 불지르고 재산을 약탈하다가 이순신의 배를 보고 서둘러 배에 올라 옥포 앞바다로 나왔다.

"적을 공격하라! 공격하라!"

공격을 알리는 북소리에 조선 수군은 앞서서 왜군 배로 향했다. 그러나 곧 더 나아가지 못하고 멈칫거렸다. 왜군의 공격력을 모르기 때문인 듯했다. 이때 정운이 이끄는 전선이 앞으로 나갔다. 왜군을 향해 달려들던 정운의 배에서 대포를 쏘았다. 우레와 같은 소리와 함께 왜군 배에서 불길이 솟았다. 그것을 본 조선 수군들이 하나둘 앞으로 나섰다.

그런데 녹도 만호 정운의 전선이 너무 앞서 나가는 바람에 적선

동태
움직이거나 변화하는 모습.

불화살
예전에, 불을 붙여 쏘던 화살. 또는 화약을 장치한 화살.

전선
전쟁에서 직접 전투가 벌어지는 지역이나 그런 지역을 가상적으로 연결한 선.

우레
=천둥.

에 에워싸이고 말았다.

"정운을 구하라!"

이순신이 소리쳤다. 그러자 전부장 배흥립이 배를 몰고 나가 적선 2척을 보기 좋게 불태웠다. 조선 수군의 사기는 하늘을 찌를 듯했다.

"죽기를 각오하고 싸워라!"

조선 수군의 기세에 몰린 왜군은 슬금슬금 뒤로 물러나면서 도망치기 시작했다. 왜군 배에 잡혀 있던 백성들을 모두 구해내고 조선 수군은 큰 승리를 거두었다. 큰 배 13척, 중간 배 11척, 작은 배 2척을 불태우거나 바닷속에 가라앉혔으니 이날의 전투가 바로 옥포해전玉浦海戰이었다. 옥포해전은 조선 수군이 처음으로 왜군을 상대로 승리한 전투였다.

노량해전(기록화)

이순신은 옥포해전뿐 아니라 합포와 적진포해전에서도 대승大勝을 거두었다. 여수로 다시 돌아온 이순신은 두 번째 출전을 위해 만전萬全을 기하고 있었다.

5월 27일, 경상우수사 원균으로부터 사천과 곤양에 왜군이 나타났다는 연락이 왔다.

이순신은 코앞에 적을 두고 머뭇거릴 이유가 없었다.

"다시 한번 왜군의 코를 꺾어 놓아야겠다. 자, 출전이다."

"와아!"

조선 수군들은 큰 함성으로 이순신의 출전 명령에 답했다.

대승
싸움이나 경기에서 크게 이김.

만전
조금도 허술함이 없이 아주 완전함. 또는 아주 안전함을 일컬음.

이윽고 5월 29일 새벽, 이순신은 돌격선인 거북선을 포함한 23척의 배를 이끌고 노량으로 향했다. 노량 앞바다에는 원균의 배 3척만이 이순신을 기다리고 있을 뿐이었다.

이렇게 총 26척으로 꾸려진 조선 수군의 배는 1차 출동 때보다도 적은 수였다. 하지만 승리의 기쁨을 맛본 조선 수군의 사기는 하늘을 찌를 듯했으므로 군사의 숫자는 그리 중요하지 않았다.

"왜선이다!"

왜군의 척후선을 발견한 군사가 외쳤다.

"추격하라!"

이순신의 명령에 조선 수군은 쏜살같이 왜선을 쫓아가 불화살과 화포로 적선을 바다 한가운데로 가라앉혔다. 그런 다음 곧 사천에 이르렀다.

이순신은 당장 포구로 들어가 왜군을 향해 화포와 불화살을 퍼

붓고 싶었다. 그러나 썰물 때라 바닥이 깊은 판옥선이 포구까지 들어갈 수 없었다. 또 산중턱에 숨은 왜군에게까지 화살이 닿을 리도 없었다.

'어떻게 해야 한단 말인가?'

이순신은 생각에 잠겼다. 그리고 마침내 조선 수군을 향해 명령했다.

"후퇴하라!"

예상치 못한 이순신의 명령에 조선 수군은 당황했다. 하지만 이순신의 명령을 거역할 수는 없는 법이었다.

조선 수군이 후퇴하자, 왜군은 조선 수군이 겁을 먹고 도망가는 줄 알고 신나게 추격해왔다.

'조금만, 조금만 더 넓은 바다로 나와라.'

이순신은 우리 배가 적의 배보다 많을 때는 포구에서 싸우는 것보다 넓은 바다에서 싸우는 것이 훨씬 유리하다는 것을 잘 알고 있었다. 그래서 왜군을 넓은 바다로 끌어내기 위해 유인술을 쓴 것이었다. 그 사실을 알 리 없는 왜군은 넓은 바다까지 조선 수군을 쫓아왔다.

"이때다! 전 함대는 뱃머리를 돌려라! 좌우돌격장 이기남과 이언량은 거북선을 몰고 길을 뚫어라!"

이순신의 명령에 따라 조선 수군은 일제히 포구를 향해 뱃머리를 돌렸다. 그리고 거북선은 적군을 향해 화포를 쏘아댔다.

조선 함대가 뱃머리를 돌려 공격해 오자 왜군은 무척 당황해했

> **유인술**
> 주의나 흥미를 일으켜 꾀어내는 계책.

다. 그리고 거북 모양의 배가 불을 뿜으며 다가오자 어쩔 줄 몰라 하며 갈팡질팡했다.

"아니, 저, 저건 도대체 웬 괴물이냐? 저것도 배란 말이냐?"

당황한 왜군들은 거북선을 향해 화살과 조총을 퍼부어댔다. 하지만 왜군의 총알과 화살은 거북선의 튼튼한 지붕을 뚫기는커녕 도리어 거북선이 쏘는 화포에 맞아 전부 사천 바다에 가라앉았다.

어느 새 바다에는 왜군의 아우성 소리로 가득했다.

"우리가 이겼다!"

"거북선이 이겼다!"

승리를 거둔 조선 수군은 소리쳤다.

이날의 싸움이 바로 사천해전이다. 이 싸움을 통해 조선 수군은 거북선의 성능性能을 다시 확인한 셈이었다.

성능
기계나 물건 따위가 지닌 성질이나 기능.

| 조선시대 이야기 | 07

임진왜란은 일본이 무역에서 손해를 보았기에 일으킨 전쟁인가요?

오늘날 세계는 가히 무역전쟁을 벌이고 있다고 해도 과언이 아닐 것입니다. 무역에서 이익을 보았느냐, 손해를 보았느냐에 따라 상대국에게 위협을 가하기도 하고, 어르기도 합니다.

가공무역加工貿易국이면서 중계무역中繼貿易국인 우리나라는 많은 어려움을 겪고 있습니다. 일본과 중국의 가운데에 위치한 우리나라는 예부터 양국이 필요로 하거나 남는 것을 사서 양국에 되팔아 많은 이익을 남기는 중계무역을 해왔습니다. 우리나라가 중계무역을 통하여 이익을 올린 역사는 오래된 것입니다. 즉 고조선시대에 한반도 남부지역과 중국과의 사이에서 중계무역을 함으로써 한나라의 침입을 받게 되었으니, 이것으로 미루어 알 수 있습니다.

조선시대에 접어들어서는 일본과 명나라 사이에서 중계무역을 했습니다. 일본으로부터 우리나라에 수입된 상품은 남방산의 소목, 후추와 일본산 구리, 납, 은 등이었습니다. 반면에 명나라에서 수입된 것은 비단, 면포, 도자기류였습니다. 일본산 은과 구리는 우리나라 상인에 의해 압록강변의 의주로 운반되어 중국으로 수출되었습니다. 그 대신 중국에서 들여온 생사와 고급 견직물은 부산의 왜관을 거쳐 일본으로 수출되었지요.

그런데 우리나라에서 일본으로 수출된 것은 비단뿐만 아니라, 면포와 곡물이 주요한 품목이었답니다. 이러한 수출에 대한 대가는 구리로 지불이 되었지요. 그러나 일본

조선시대 목판화

에서 무역 대금으로 지불할 수 있는 구리의 양은 한정되어 있었으므로 부족할 수밖에 없었답니다. 정상적인 무역으로는 적자를 보완하기가 어렵게 되자 일본은 을묘왜변乙卯倭變과 삼포왜란三浦倭亂처럼 부산 지역을 침범하거나, 해안지역에서 노략질 행위를 하였습니다. 이에 조선에서는 일본과의 무역을 반란이나 약탈을 막기 위해 규제를 하였고, 명나라에서는 조공무역을 중지시키게 되었답니다. 일종의 무역 규제인 셈이었지요.

　일본은 무역적자인 데다가 우리나라와 명나라와의 무역 관계에서 고립을 당하니 경제 사정이 더욱 어렵게 되었겠지요. 이것을 타개하기 위하여 해안 지역에서 왜구의 침략행위를 정지시켜 주는 조건으로 조공무역과 무역 규제를 해제해 줄 것을 협의하고 있었습니다. 그러는 와중에 명나라를 정복하여 어려움을 해결함과 아울러 일본 전국을 통일하려는 야망을 불태우던 도요토미 히데요시가 무사들의 관심을 해외로 돌리고자 임진왜란을 일으켰던 것입니다. 한 사람의 무모한 야망이 평화적인 무역재개를 무역전쟁으로 바꾸는 계기가 되었으며, 많은 희생자를 낳게 한 것이지요.

가공무역 외국에서 원자재나 반제품을 수입하여 완제품으로 만든 뒤 다시 수출하는 방식의 무역.
중계무역 다른 나라로부터 사들인 물자를 그대로 제삼국으로 수출하는 형식의 무역.
을묘왜변 조선 명종 10년(1555년)에 전라남도 해남군에 있는 달량포에 왜선 60여 척이 쳐들어온 사건. 이 사건을 계기로 비변사가 설치되었다.
삼포왜란 조선 중종 5년(1510년)에 제포, 부산포, 염포의 삼포에서 왜인들이 활동 제한에 불만을 품고 일으킨 폭동. 왜인들이 쓰시마 도주의 지원을 받아 제포와 부산포를 함락하고, 염포에 침입하였으나 곧 이들을 평정한 뒤에 삼포를 폐쇄하고 왜인을 쓰시마로 쫓아내었다.

8. 학익진鶴翼陣을 펼쳐라!

사천포에서 왜군을 무찌른 이순신은 당포와 당항포, 율포에서도 적을 크게 무찔렀다. 이순신은 병사들을 쉬게 하면서 다음 전투를 위한 준비를 하였다. 목수들을 시켜 부러진 돛을 고치고, 배에 연기를 쐬어 주었다. 보름에 한 번씩 배에 연기를 쐬어야만 바닷물이 스며드는 것을 막을 수 있기 때문이었다.

배를 수리하면서 이순신은 전투에서 빼앗은 왜군의 신식무기인 조총鳥銃을 무기고에 주어 연구하게 하였다. 조총을 알아야 왜군을 물리칠 수 있기 때문이었다.

"장군, 전하께서 의주義州까지 가셨다고 합니다."

전라우수사 이억기였다.

"나도 들었습니다."

"더군다나 임해군臨海君 나으리와 순화군順和君 나으리께서도 가

> **임해군**
> 조선 선조의 맏아들(1574~1609년). 이름은 진(珒). 성품이 사나워 세자로 책봉되지 못하고 아우 광해군이 세자가 되었다. 임진왜란 때 순화군과 함께 가토의 포로가 되었다가 석방되었다. 광해군 즉위 후 역모죄로 몰려 살해되었다.
>
> **순화군**
> 조선 선조의 서자(庶子). 이름은 보(𤣰). 임진왜란 때 임해군과 함께 가토의 포로가 되었다가 석방되어 부왕(父王)에게로 돌아갔다.

토 기요마사加藤淸正에게 잡혔다고 하더군요."

"어서 빨리 왜놈들을 쫓아 버리고 전하를 한성으로 모셔야 할 텐데……."

이순신은 눈을 감았다.

한편 육지로 상륙한 왜군은 가을에 떨어지는 낙엽처럼 가볍게 승리를 거듭하며 북으로 나아갔다. 그러나 바다에서는 번번이 이순신에게 대패하니, 왜군의 최고 권력자인 도요토미 히데요시는 불같이 화를 냈다.

"육군은 계속 전진하고 있는데 수군은 무엇이 문제이길래 계속 지는 게냐? 이순신이라는 장수가 그리 대단하단 말이냐?"

도요토미 히데요시가 화를 내자 다른 관리들은 몸 둘 바를 몰라 했다.

"이순신에게는 머리는 용과 같고, 등에는 철갑이 덮여 있는 괴물이 있답니다."

"철갑이 덮여 있는 괴, 괴물이라고?"

"그것이 우리 배들 사이를 휘젓고 다니면 우리 배들은 모두 나가떨어진다고 합니다."

"그 괴물을 하루빨리 없앨 방법을 찾도록 하라."

"지금 연구 중에 있습니다."

가토 기요마사
일본의 무장(1562~1611년). 도요토미 히데요시와 도쿠가와 이에야스를 도와 일본 전국의 통일에 기여했고, 열렬한 불교신자여서 기독교 박해에도 주도적인 역할을 했다. 1592년 히데요시가 조선을 침략했을 때 선봉에 서서 잔인하게 싸웠기 때문에 조선인들은 그를 '악귀 기요마사'라고 불렀다.

와키자카 야스하루
일본의 무장. 1592년 군선 70여 척을 이끌고 거제도로 가다가 견내량에서 이순신을 만나 병사들은 전멸하고 겨우 살아남았다. 칠전도 싸움에서 원균을 죽이고, 고니시 등과 함께 남원성을 점령하였다.

구키 요시다카
임진왜란 때 일본의 무장. 한산도에서 대패한 일본 수군을 구원하러 왔다가 안골포에서 이순신 장군에게 격파된 적이 있다.

본때를 보여 주다
잘못을 다시는 저지르지 않도록 교훈이 될 수 있는 따끔한 맛을 보이다.

암초
바다나 큰 호수의 수면 바로 아래에 보이지 않게 잠겨 있어서 배와 충돌할 위험이 큰, 보이지 않는 바위나 산호.

이억기
조선 선조 때의 무신(1561~1597년). 자는 경수(景受), 본관은 전주. 임진왜란 때에 전라 우도 수사로 이순신을 도와 옥포·당포(唐浦) 등의 해전에서 크게 승리하였다. 원균의 모함으로 이순신이 하옥되자 이순신의 무죄를 주장하였다. 정유재란 때에 한산도 싸움에서 전사하였다.

"안 되겠다. 지금 이곳에 있는 모든 배와 군사들을 조선으로 보내도록 하라. 그리고 한성에 가있는 와키자카 야스하루脇坂安治와 구키 요시다가九鬼嘉隆, 가토 요시아키를 남해로 내려오게 하여 이순신을 없애버리라 전하라."

"예, 알겠습니다."

도요토미의 명령을 받은 왜군 장수들은 왜국에서 보내온 배와 조선에 있던 배들을 모아 거제도 앞바다의 견내량에 머물면서 호시탐탐 이순신을 노렸다.

이 소식은 이순신에게도 전해졌다. 이순신은 왜군의 움직임을 알아내기 위하여 척후선을 보냈다.

"장군, 척후선이 옵니다."

"잘 보고 왔느냐?"

"예, 견내량에 머물고 있는 왜군 배는 모두 73척입니다. 큰 배가 36척, 중간 배가 24척, 작은 배가 13척입니다."

왜군 배 73척이 있다는 말에 이순신은 입가에 미소를 띠었다.

"이제야 왜군들에게 본때를 보여 주겠구나."

척후병으로부터 왜군에 대한 정보를 보고받는 이순신의 눈빛에선 불이 뿜어져 나올 듯했다.

"그래, 바다 형세는 어떠하더냐?"

"견내량은 지형이 좁고 또 암초暗礁가 많아서 거북선과 같은 큰 배의 활동이 자유롭지 못할 것 같습니다."

척후병들의 정보를 다 듣고 난 이순신은 이억기李億祺와 부하 장수들을 불렀다.

"장수들을 빨리 불러라. 한시가 급하다."

> **한시가 급하다**
> 매우 급하다.

잠시 후 장수들이 모두 모였다. 이억기와 부하 장수들은 이순신의 명령만 떨어지면 바로 왜군을 잡겠다는 투지가 엿보였다.

"지금부터 견내량에 있는 왜적을 무찌르기 위한 방법을 생각해 봅시다."

"우리 수군보다 왜군의 숫자가 너무 많습니다. 그러므로 왜군과 정면으로 맞서서는 안 됩니다. 왜군을 넓은 바다로 끌어내어 갑자기 공격을 하는 방법이 가장 좋을 듯합니다."

"그런데 당항포에서 이미 썼던 작전인데 왜군이 이번에도 속을까요?"

"그렇지만 왜군과 정면으로 맞서기에는 수적으로 우리가 너무 불리하니……."

"한번 붙어보지요. 우리 수군의 사기가 높으니 해볼 만한 싸움일 것입니다."

많은 의견이 나왔다. 이순신은 가만히 듣고 있다가 명령했다.

"잘 들으시오. 지금부터 여러분들이 할 일을 말하겠소. 작은 배가 견내량으로 가서 왜군을 한산도와 미륵도로 끌어낼 것이오. 그때까지 다른 배들은 한산도와 미륵도 주변의 섬과 포구에 숨어 있으시오. 내가 명령을 내릴 때까지 참고 기다려야 하오."

잠시 숨을 몰아 쉰 이순신이 말을 이었다.

"이곳은 사방으로 헤엄쳐 나갈 길이 없고, 적이 비록 육지에 오르더라도 틀림없이 굶어 죽게 될 것이오. 그러므로 이곳이 싸움하기에 가장 좋은 곳이오."

　이순신은 명령을 내린 뒤 광양 현감 어영담을 불렀다. 어영담은 오랫동안 바다에서 살았기에 물길을 가장 잘 아는 사람이었다. 더구나 용감하고 날래어 바다에서는 누구도 당해낼 자가 없었다.

　"어 현감, 오늘 중요한 임무를 맡아야겠소. 어 현감은 지금 당장 작은 배 다섯 척을 이끌고 견내량 앞바다로 가시오. 그리고 왜군들에게 싸움을 거시오. 싸우는 척하다가 우리가 숨어 있는 한산도閑山島와 미륵도彌勒島 쪽으로 도망하시오. 그러면 왜군은 필시 쫓아 올 것이오."

　이순신의 명령이 떨어지자 이억기와 부하 장수들은 곧 배에 올랐다.

　7월 8일 아침, 이순신이 이끄는 65척의 배가 출발하였다. 그리고 이순신이 지정한 대로 각자 배를 숨기기 위해서 마땅한 장소를 찾으러 돌아다녔다.

　이순신도 배 2척을 거느리고 바다로 나갔다.

　"장군, 무사히 마치고 돌아오겠습니다."

　광양 현감 어영담이 작은 배 5척을 이끌고 나가며 이순신에게 인사했다.

　"어 현감의 어깨에 우리 수군의 운명이 걸려 있네."

　이순신은 어영담의 손을 잡으며 말했다. 어영담은 주먹을 쥐어 보이며 자신감을 나타냈다.

물길
배를 타고 물로 다니는 길.

어영담이 이끄는 5척의 배는 잔잔한 바다를 헤치고 견내량을 향해서 노를 저어갔다. 어영담이 이끄는 배의 뒷모습을 보면서 이순신은 어영담이 무사히 돌아오기를 간절히 빌었다.

　이순신이 탄 배는 여러 시간 동안 바다 위에 둥둥 떠 있었다. 시간이 꽤 흘렀는데도 어영담의 배는 돌아오지 않았다. 이순신은 가슴을 졸이며 물어보았다.

"아직도 보이지 않느냐?"

이순신은 답답함을 견디다 못해 곁의 부하에게 물었다.

"예, 아직 아무것도 보이지 않습니다."

"너무 걱정하지 마십시오. 하느님께서 우리 수군을 도와주실 겁니다."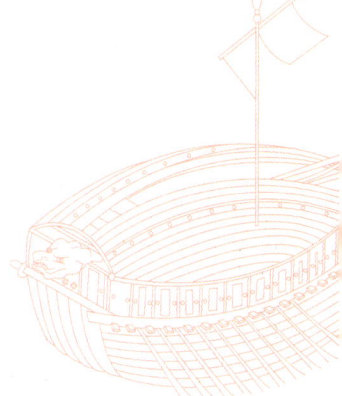

바다를 살피던 군사가 이순신을 위로하였다.

"암, 그래야지. 하느님이 우리를 도와주실 것이니라."

하지만 시간이 흐를수록 이순신의 마음은 급해졌다.

이순신은 조용히 바다를 바라보았다. 그때 군졸이 소리쳤다.

"장군, 저쪽에……."

　군졸이 가리키는 곳을 바라보자, 5척의 배가 쏜살같이 이곳으로 오고 있었다. 그 뒤로 수많은 왜군 배들이 의기양양意氣揚揚하게 조총을 쏘며 어영담의 배를 뒤쫓고 있었다. 이순신은 미소를 지었다.

　이순신은 어영담의 배가 도착하자 함께 후퇴하는 척했다. 그러다가 왜군 배가 한산도의 넓은 바다에 이르자 불화살을 쏘아댔다. 어느 순간 한산도와 미륵도 등 포구와 섬 사이에 숨어 있던 조선

수군들이 한꺼번에 나타났다.

"학익진鶴翼陣을 펼쳐라!"

이순신의 명령에 따라 조선 수군은 길게 학의 날개처럼 배들을 펼쳤다. 왜군을 포위하여 공격하기 위함이었다. 조선 수군의 전투대형戰鬪隊形에 왜군은 당황해했다. 그들이 당황하여 우왕좌왕하고 있을 때 이순신은 명령을 내렸다.

"왜놈들을 한 놈도 살려 보내지 마라!"

거북선이 맨 앞장을 섰다. 왜군 배들은 거북선에 대한 소문을 들었기에 지레 겁을 먹고 이리저리 피해 다녔다.

거북선이 달아나는 왜군 배를 단숨에 공격하여 두 동강을 내버렸다.

왜군의 큰 배 2척을 단번에 박살내 버리자 조선 수군은 사기가 올라 한꺼번에 천자·지자·현자·승자총통을 쏘며 왜군 배에 가까이 갔다. 이순신은 대장선에서 북을 울렸다.

"둥! 둥! 둥!"

이순신은 병사들을 격려하며 조선 수군 사이를 돌아다녔다.

"여기 물이 있다. 어서 마시고 힘을 내라!"

장군의 말에 조선 수군의 사기는 하늘을 찌를 듯했다. 조선 수군의 물밀듯한 공격에 왜군 배들은 뱃머리를 돌려 견내량 쪽으로 향했다.

"왜놈들이 도망친다. 어서 쫓아 모조리 바다에 쳐 넣어라!"

"대장선을 공격하라! 3층 배를 공격하라!"

학익진
학이 날개를 편 듯이 치는 진으로 임진왜란 때 이순신 장군이 사용했던 전법. 적을 둘러싸기에 편리한 진형이다.

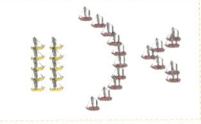

천자총통
조선 세종 28년(1446년)에 개량한 화포. 불화살을 발사하는데 쓰임.

지자총통
조선 세종 28년(1446년)에 개량한 화포의 하나. 장군화통, 일총통 다음으로 크고 손으로 들고 사용할 수 있는 총 가운데 가장 큰 것.

현자총통
임진왜란 때 차대전(次大箭)이란 화살 끝에 화약 주머니를 매달아 쓰던 작은 대포.

승자총통
임진왜란 때 사용된 일종의 소화기(小火器)

이순신의 힘찬 북소리에 맞추어 병사들은 달아나는 왜군대장선과 충각선에 불화살을 퍼부었다. 거북선도 달아나는 왜군 배에 대포를 쏘았다.

바다는 불로 뒤덮인 듯했다. 불이 붙은 왜군 배에서는 왜군들이 바다로 뛰어들어 허우적거렸다. 한산도 앞바다는 순식간에 왜군의 피로 붉게 물들었다.

그리고 얼마 후 왜군들이 물러난 한산도 앞바다는 조용했다. 조선 수군의 대포 소리도, 왜군의 조총 소리도, 병사들의 외침도 없었다. 붉게 물든 바닷물만 아니라면 언제 전쟁이 있었는지 알 수 없을 정도로 적막했다.

"장군, 왜군 배 47척을 불태우고 12척을 붙잡았습니다."

"47척을?"

옆에 있던 경상우수사 원균이 입을 벌리며 감탄했다.

"모든 것이 다 병사들의 공입니다."

이순신은 매우 만족한 얼굴로 모든 공을 병사들의 공으로 돌렸다. 사기가 오른 병사들은 손을 들어 크게 환호했다.

"만세! 만세!"

병사들의 만세 소리는 한산도 앞바다를 뒤흔들었다.

7월 10일 아침이었다.

"안골포에 40여 척의 왜군 배들이 있습니다."

척후선이 보고했다.

"안골포라? 그곳은 견내량처럼 바다가 좁고 수심이 낮아 거북선처럼 큰 배가 싸우기에는 불리한데…….”

전라우수사 이억기가 나섰다.

“한산도에서 싸운 것처럼 다시 바다 한가운데로 유인하면 어떨까요?”

경상우수사 원균이 고개를 갸웃거렸다.

“몇 번 속았는데 이번에도 속을까?”

이순신은 다른 방법이 없다고 생각하였다.

“지금은 우리가 육지로 올라가 싸우기에는 곤란합니다. 저들에게는 조총이 있어 가능하면 큰 바다에서 우리의 대포로 싸우는 것이 훨씬 유리합니다. 이 수사의 말대로 다시 한번 바다로 끌어내 봅시다.”

다음날 이순신이 이끄는 조선 수군은 안골포로 향하였다. 안골포구에는 왜군대장 구기 요시다카와 가토 요시아키가 이끄는 왜군 배 40여 척이 진을 치고 있었다. 이순신은 5~6척의 우리 수군을 보내 왜군들을 넓은 바다로 끌어내려고 하였다. 그러나 당항포와 한산도에서 이미 당한 왜군들은 좀처럼 나오지 않고 조총만 쏘아 대고 있었다.

이순신은 전라우수사 이억기와 경상우수사 원균, 그리고 부하 장수들을 불렀다.

“아무래도 안 되겠습니다.”

이순신의 말에 다른 장수들도 동의하였다.

“무슨 좋은 방법이 없을까요?”

그러나 대답이 없었다. 모두들 왜군의 전투방법이 이렇게 나오리라고 생각을 못하였기 때문이었다. 생각에 잠겨 있던 이순신이 말했다.

"10척씩 조를 나누어 대포로 왜군 배를 공격하는 것입니다. 번갈아 가면서 왜군 배를 공격하면 아마 왜군들이 못 견디고 나올 것입니다."

"지금은 그 방법이 최선인 듯합니다."

원균이 대답하자 모두들 고개를 끄덕였다.

이순신이 명령을 내렸다.

"일자진一字陣으로 펼쳐서 대포로 왜군 배를 공격하라!"

이순신이 명령을 내리자 조선 수군은 10척씩 짝을 지어 왜군 배에 집중적으로 천자포와 현자포로 공격하였다. 포구에 머물고 있던 왜군 배에서 불길이 솟고 안골포의 불길은 순식간에 하늘을 덮었다.

"장군, 왜군들이 산 쪽으로 도망치고 있습니다."

왜군들은 싸울 의욕을 잃었는지 자신들의 배를 그냥 놔두고 산 쪽으로 도망을 쳤다. 그러자 경상우수사 원균이 소리쳤다.

"배를 포구에 대고 산 쪽으로 도망치는 왜군을 모조리 잡아라!"

일자진
'ㅡ' 자 모양으로 좌우로 길게 뻗쳐서 친 진(陣).

원균의 명령에 조선 수군들이 배를 포구 쪽으로 향했다. 그러자 이순신이 원균에게 손을 들어보였다.

"원 수사님, 지금 우리가 끝까지 쫓아가면 왜군들은 반드시 산속에 숨어 있는 우리 백성들을 약탈할 것입니다. 우리 백성들을 위해서 쫓는 것을 그만두는 것이 어떻겠습니까?"

원균은 이순신의 말에 일리가 있다고 생각되어 고개를 끄덕이며 자신의 명령을 거두었다.

다음날 해가 뜨자 이순신은 안골포로 조선 수군을 이끌었다. 바닷가와 포구에는 왜군의 쓰러진 시체가 즐비했다. 이순신은 조선 수군에게 명령했다.

"땅을 파고 저들을 모두 묻도록 하라."

조선 수군은 5개의 큰 구덩이를 파고 왜군을 묻어 주었다. 땅을 덮으면서 조선 수군들은 말했다.

"의리 없는 놈들, 생사生死를 함께 했던 전우戰友들을 이렇게 버려두고 가다니, 쯧쯧!"

왜군의 시체를 정리한 이순신은 안골포에서 동래까지 척후선을 보내 왜군의 동태를 살피도록 했다. 저녁이 다 되어서야 척후선이 돌아왔다.

"왜군들은 어떠하더냐?"

이순신은 척후병을 보자 급히 물었다. 곁에는 이억기와 원균도 있었다. 경상우수영의 수군 허수광이 천천히 보고를 하였다.

"김해의 금단곶을 지나서 봉화대로 올라가는 산봉우리 아래에

생사
삶과 죽음을 아울러 이르는 말.

전우
전장(戰場)에서 승리를 위해 생과 사를 함께하는 동료.

척후병
적의 형편이나 지형 따위를 정찰하고 탐색하는 임무를 맡은 병사.

곶
(일부 고유 명사 뒤에 붙어) '바다로 뻗어 나온 모양을 한 곳'의 뜻을 더하는 접미사.

봉화대
봉화를 올리던 둑. 전국에 걸쳐 여러 개가 있었는데, 특히 남산은 각 지방의 경보(警報)를 중앙에 전달하는 국방상 중대한 임무를 전달하는 곳으로 다른 곳과 달리 다섯 개나 있었다. =봉수대.

암자가 있었습니다. 마침 암자에 노스님이 있어서 함께 봉화대로 갔습니다. 봉화대에서 양산과 김해 바다 쪽을 바라보니 적선이 백여 척쯤 있었습니다. 노스님에게 적의 움직임을 물었더니 요즘은 날마다 적선이 오십여 척씩 포구로 들어온다고 합니다. 그런데 어제 안골포 싸움에서 조선 수군의 대포 소리를 듣고는 다 도망가고 백여 척이 남았다고 합니다."

왜군들은 조선 수군의 막강함을 보고는 뿔뿔이 도망을 쳤다. 하지만 아직 남아 있는 백여 척의 배도 적은 숫자는 아니었다.

하지만 이순신은 왜군 배가 더 많다고 해도 두렵지 않았다. 이미 사기가 오른 조선 수군에게는 어느 누구도 상대가 될 수 없었다.

이순신은 보고를 받고 다음 명령을 내렸다.

"한산도로 배를 돌려라!"

"한산도로 배를 돌리랍신다!"

배마다 승리의 깃발이 휘날렸다. 그리고 개선凱旋을 축하하는 대포 소리와 북소리가 멀리멀리 퍼져나갔다.

> **개선**
> 싸움에서 이기고 당당하게 돌아옴.

이것이 임진왜란 중 우리나라가 일본을 상대로 거둔 3대 승리 중의 하나인 '한산도대첩'이다. 3대 승리란, 권율 장군의 '행주대첩', 김시민 장군의 '1차 진주성 싸움'을 말한다. 한산도대첩은 평양에 가있는 왜군들이 남해와 황해를 거쳐 물자를 보급받기 위하여 온 힘을 다해 싸웠던, 왜군을 상대로 거둔 우리의 귀중한 승리이다. 이 승리로 우리나라는 전라도와 충청도, 그리고 황해도의 해안지대를 지키고 임진왜란을 승리로 이끄는 기초가 되었다.

| 조선시대 이야기 | 08

이순신 장군이 사용한 '학익진'이란 무엇인가요?

수군에서 적과 마주칠 때 사용하는 병법으로 '일자진, 학익진' 등이 있습니다.

'일자진'은 '일자장사진'의 줄임말로 배를 일렬로 세워 적과 마주하는 방법입니다. 이 방법은 넓은 바다이어야 하며, 적보다 많은 배를 가지고 있을 때 적을 정신적으로 제압하기 위해 사용한 전법이라 할 수 있지요.

'학익진'은 학이 날개를 펼친 모양으로 배를 타원형 비슷하게 하여 왜군을 물리치는 전법입니다. 이순신 장군이 왜군의 진로를 막은 뒤에 반쯤 포위된 상태에서 매우 강력한 천자포·지자포·현자포 등의 화포로 화력을 집중하여 적을 물리치는 전법입니다.

학익진은 중앙에 이순신 장군이 지휘하고, 바로 옆에 중위장이 있어 이순신 장군의 명령을 받아 각 수군에 전달하여 왜군을 공격하였습니다. 특히 왜군의 기세가 꺾였을 때 거북선으로 돌격하게 하여 왜군의 전열을 흐트러뜨린 뒤 다른 배들이 공격을 하여 승리를 거두었답니다.

그렇다면 왜군은 어떤 전법을 썼을까요? 왜군들이 자주 사용한 전법은 '어린진'입니다. 조총을 쏠 때 첫줄은 사격조, 두 번째 줄은 총탄을 장전하는 조, 세 번째 줄은 사격하느라 열이 나는 조총을 식히면서 청소하는 조로 짜여져 있었는데, 이러한 조 편성

대로 왜군들은 배를 3열로 하여 중앙을 공격하기 위한 전법을 썼던 것입니다.

　그러나 이러한 왜군의 전법은 이순신 장군의 학익진 전법에 완전히 패배하였습니다. 이순신 장군의 학익진 전법은 1904년에 일어난 러·일전쟁에서 일본군을 이끈 도조東條가 사용하여 러시아 군을 물리쳐 세계의 관심을 끌었습니다.

도조 히데키 일본의 정치가·군인. 일본 육군 사관학교 졸업 후 관동군 참모장, 육군 차관 등을 역임하고 육군대신으로 입각하여 일본·독일·이탈리아 3국 동맹 체결과 대 미국·영국 전쟁을 주장하였다. 1941년 대장으로 승진하여 태평양 전쟁을 개시하였다. 곧이어 내무·군수·문부대신을 비롯하여 참모총장까지 겸임하여 이른바 '도조 독재'라 불리는 파시즘 체제를 만들었다. 패전 후 A급 전범으로 사형 당했다.

9. 삼도 수군통제사 三道水軍統制使 가 되다

승전
싸움에서 이김.

이순신의 승전勝戰 소식을 들은 임금은 기쁨을 감추지 못했다.

"이순신이 또 큰일을 했도다."

임금의 칭찬에 유성룡도 자신의 일인 양 기쁨을 감추지 못했다. 그러나 이순신을 추천할 때 반대했던 서인의 정철과 윤두수 등은 영 못마땅한 듯하였다. 그러나 이에 신경을 쓰지 않고 선조는 명령을 내렸다.

"이순신에게 숭정대부崇政大夫를 하사하도록 하라!"

숭정대부
조선시대의 종1품 하(下) 문무관(文武官)의 품계. 고종 2년(1865년)부터 종친(宗親)과 의빈(儀賓)의 품계에도 함께 쓰였다.

숭정대부는 종1품의 높은 관직이었다. 그러자 정철이 반대의 뜻을 나타냈다.

"전하, 황공하오나 일개 좌수사에게 숭정대부를 주는 것은 너무 공을 높게 평가하는 것입니다. 다시 생각해 주십시오."

그러자 윤두수도 거들었다.

이순신 | 1. 성웅聖雄 이순신

"그러하옵니다. 이순신은 일개 무신이옵니다. 다시 한번 생각해 주십시오."

윤두수에 말에 서인 관리들이 일제히 말했다.

"통촉하시옵소서!"

선조는 그들이 못마땅하다는 듯이 고개를 돌렸다. 지금 왜군을 물리칠 수 있는 사람은 오직 이순신뿐이라고 생각하고 있었다. 하지만 다른 관리들이 당파싸움에 빠져 공을 인정하지 않으니 답답할 뿐이었다. 그렇다고 관리들의 뜻을 무조건 무시할 수도 없는 일이었다.

"도승지都承旨는 적으시오."

도승지 이항복李恒福이 준비가 되었다고 말했다.

"분부를 내려주십시오."

선조는 명령을 내렸다.

"전라좌수사 이순신은 종헌대부로, 전라우수사 이억기와 경상우수사 원균은 가선대부嘉善大夫로 승진시키노라!"

종헌대부는 정2품이며, 가선대부는 종2품의 관직이었다.

'하루빨리 왜군들을 몰아내 전하를 한성으로 오시게 해야겠다.'

승진 소식을 들은 이순신은 기쁘기도 했지만 더욱 마음이 급해졌다.

'전하께서 높은 벼슬을 내리신 것은 하루빨리 왜군을 쫓아내라는 뜻이시다. 하지만 왜군은 아직도 조선 땅을 짓밟고 있지 않은

통촉
윗사람이 아랫사람의 사정이나 형편 따위를 깊이 헤아려 살핌.

도승지
조선시대 때 승정원의 으뜸 벼슬. 왕명을 전달하거나 신하들이 왕에게 올리는 글을 상달하는 일을 맡아 하였다.

이항복
조선 선조 때의 문신(1556~1618년). 자는 자상(子常). 호는 동강(東岡)·백사(白沙)·필운(弼雲). 임진왜란 때 병조판서로 활약했으며, 후에 벼슬이 영의정에 이르렀다. 광해군 때에 인목대비 폐모론에 반대하다 북청(北靑)으로 유배되어 죽었다. 저서에 《백사집(白沙集)》, 《북천일기(北遷日記)》, 《사례훈몽(四禮訓蒙)》 등이 있다.

가선대부
조선시대 때 종2품 문무관의 품계. 가의대부의 아래 급으로, 태조 1년(1392년)에 설치하였으며 고종 2년(1865년)부터 문무관, 종친, 의빈(儀賓)의 품계로도 썼다.

가? 그래, 왜군의 물자를 공급해 주며 왜국과의 연결지점이 되는 부산을 공격해야 해.'

부산을 생각하자 이순신은 도저히 잠을 이룰 수가 없었다. 부산에 있는 왜군의 형세가 만만치 않았기 때문이었다. 부산에는 7만여 명의 군사와 5백 척에 가까운 왜군 배가 있었다. 하지만 전라좌수영과 우수영, 그리고 경상우수영의 배를 모두 합쳐야 51척에 불과하였다.

다음날, 이순신은 녹도 만호 정운을 불렀다. 언제나 왜군과의 전투에서 가장 먼저 앞장을 서며 용감하게 싸우는 책임감이 강한 부하 장수였다. 이순신은 정운을 보면 믿음직스러웠다.

"정 만호!"

이순신이 부르자 정운은 힘차게 대답했다.

"예, 장군!"

"이제 부산이야. 부산의 왜군만 없애면 승리는 우리 것이야."

"부산을요?"

부산이라는 말에 정운의 눈이 빛났다.

"그런데…… 부산에는 왜군과 그 배가 너무 많아."

"숫자가 무슨 대수입니까? 그까짓 왜놈들, 모두 때려잡을 수 있습니다!"

"우리 수군의 수가 너무 적어. 그래서 부산을 공격하기 위해 배를 더 만들어야겠어. 정 만호가 이 일을 책임지게나."

"알겠습니다. 장군의 뜻에 어긋나지 않도록 튼튼한 배를 만들도록 하겠습니다."

이순신은 정운의 자신만만한 태도가 마음에 들었다. 정운에게 배를 만들도록 지시한 뒤 이순신은 각 포와 진에 명령하여 나무와 철, 그리고 화살로 쓰일 재료를 구해오라 명령하였다.

넓은 여수항의 포구에는 배를 만드는 망치 소리로 시끄러웠다. 하지만 배를 만드는 사람들의 표정에는 웃음꽃이 피어났다.

"내가 만든 배가 왜군을 물리치는 데 힘이 된다니 자랑스러워."

"아마 내가 만든 배가 더 뛰어난 활약을 펼칠걸?"

서로 자신이 만든 배가 우수하다며 내기를 하는 수군도 있었다.

그러던 중 녹도 만호 정운이 이순신을 찾았다.

"장군, 건의드릴 것이 있습니다."

"무슨 일이오? 뭐 부족한 것이라도 있는지?"

묵묵히 자신의 일에 열심인 정운이 갑자기 건의할 것이 있다는 말에 이순신은 긴장하였다.

"장군, 애기살이라고 들어보셨는지요?"

"애기살? 들어보았소만……."

애기살이라는 말에 이순신의 눈도 반짝거렸다.

"이번 기회에 애기살을 많이 만들고, 애기살을 전문으로 쏘는 사수射手도 많이 교육하면 어떻겠습니까?"

사실 화살은 멀리 나가긴 하지만 거리가 있으면 얼마든지 상대방이 피할 수 있는 무기였다. 더구나 조선군이 쏜 화살을 왜군이 주워서 다시 쏜다면 엉뚱하게 조선군이 피해를 볼 수도 있었다. 그

사수
대포나 총, 활 따위를 쏘는 사람.

러나 애기살은 조선에만 있는 신병기 중의 하나였다. 일반 화살은 길이가 80cm 정도이지만 애기살은 36cm에 불과했다. 덧살이 있어야 사용할 수 있기 때문에 아무나 사용할 수 없었다. 애기살은 150m의 거리에서도 사람에게 치명적인 피해를 줄 수 있는 무기였다. 이순신은 무릎을 쳤다.

"역시 정 만호요, 좋소! 사수도 훈련시키고, 애기살도 많이 만들어 이번 부산 싸움에서 사용해 봅시다."

녹도 만호 정운은 이순신의 칭찬을 들으니 기분이 좋았다.

배가 수십 척 완성되고, 애기살을 비롯한 무기도 준비되었다. 이순신은 틈틈이 병사들을 시켜 바다에서 고기를 잡아 말려서 팔게 했다. 그리고 그 돈으로 군량미軍糧米를 사들였다.

군량미
군대의 양식으로 쓰는 쌀.

백성들은 전라도 지방에 왜군들이 들어오지 못하는 것은 이순신 장군 덕이라며 쌀을 비롯한 병사들에게 필요한 먹을거리와 옷을 들고 찾아왔다. 여수뿐만 아니라 멀리 목포와 남원에서도 백성들의 발길이 이어졌다.

"변변치 않지만 우리 장군님과 군사들을 위해 써 주십시오."

"전쟁으로 백성들의 생활도 말이 아닐 텐데……. 마음만 받겠으니 도로 가지고 가십시오."

백성들과 병사들이 서로 양보하는 흐뭇한 광경은 곳곳에서 쉽게 볼 수 있었다.

배와 무기, 그리고 군량미가 모두 준비되자 이순신은 전라우수사 이억기를 불렀다.

"우수사, 이제 부산으로 나아갑시다."

"좌수영의 준비가 만만하지 않습니다."

"우수영에서도 충분한 대비를 했겠지요?"

두 사람은 서로에 대한 믿음으로 굳게 손을 잡았다.

1592년 8월 24일, 이순신과 이억기가 이끄는 연합함대가 여수를 출발했다. 하룻밤에 사천 앞바다에 이르러 경상우수사 원균과 만났다.

"두 수사께서만 의논을 하시고……. 나에게는 연락만 하면 그만이다? 그러면 아니 되지요."

"그런 것이 아닙니다. 그렇게 생각하셨다면 모든 것이 저의 불찰 不察입니다."

> **불찰**
> 조심하여 잘 살피지 아니한 탓으로 생긴 잘못.

"이번 부산해전을 너무 서두르는 것은 아닌지 모르겠소."

원균은 이순신이 하는 일이 영 못마땅하다는 투였다. 원균의 시비에 이억기가 한마디 했다.

"원 수사님, 왜놈들을 몰아칠 때 한꺼번에 몰아쳐야지, 그렇지 않으면 다시 꿈틀댈 것이 아니겠습니까?"

이억기가 이순신의 편을 들자 원균은 곱지 않은 눈길로 이억기를 노려보고는 자신의 배로 갔다.

이순신은 함대가 이동할 부산 지역으로 미리 척후선을 보냈다. 척후선의 보고에 따라 외진 곳에 떨어져 있는 왜군 배들을 먼저 물리쳤다. 이제 왜군들은 거북선만 나타나면 앞 다투어 도망치는 형편이었다. 그래서 조선 수군은 도망가는 왜군 배를 어렵지 않게 격

> **격파**
> 단단한 물체나 사물 따위를 손이나 발로 쳐서 깨뜨림.

파擊破할 수가 있었다.

　장림포에서 왜군 배 6척, 화준·구미에서 9척, 절영도에서 2척을 불태우거나 격파하였다. 절영도에 돛을 내린 이순신은 작은 배 3척을 부산포 근처로 보냈다. 부산포에 있는 왜군의 움직임을 알아내기 위해서였다. 얼마 후 척후선이 돌아왔다.

　"왜군 배 약 5백여 척이 선창 동쪽 산기슭 아래 정박하고 있으며, 그 중에서 맨 앞장선 것으로 보이는 큰 배 4척은 멀리 초량 동쪽에서 나오고 있었습니다. 그리고 뒷산에는 여섯 군데의 진지陣地에 왜놈들이 숨어서 바다 쪽을 바라보고 있었습니다."

　왜군 배가 5백 척이라는 말에 원균은 놀라며 말했다.

　"날도 어두워졌고, 왜놈들의 기세도 만만하지 않으니, 내일로 공격을 미루는 것이 어떻겠습니까?"

　그러자 이순신이 말했다.

　"우리 수군의 사기는 지금 하늘을 찌를 듯합니다. 지금 공격하지 않고 돌아간다면, 반드시 왜놈들은 우리를 깔볼 것입니다. 이곳에서 싸워서 모두 죽을지언정 싸우지 않고 돌아가지는 못합니다."

　이에 이억기도 이순신의 뜻에 동감했다.

　"이 수사님의 의견이 맞습니다. 이들이 언제 우리 수군을 공격해 올지 알 수 없는 일입니다. 우리가 선수를 쳐야 합니다."

　이순신은 전쟁을 알리는 기를 높이 올렸다.

　"자, 공격하라!"

　이순신은 명령을 내리고 북을 힘차게 울렸다. 이순신의 명령과

함께 녹도 만호 정운이 맨 앞장을 섰다. 이어서 거북선을 이끈 돌격장 이언량, 전부장 이순신李純信, 중위장 권준, 좌부장 신호가 왜군 배를 순식간에 공격하여 4척을 박살냈다. 그러자 겁에 질려 있던 원균의 부하 장수들도 전투에 나섰다.

조선 수군은 함성을 지르며 왜군의 사기를 꺾어놓았다. 왜군들은 조선 수군의 함성에 사기가 꺾여 도무지 싸우려 하지 않고 산 위에서 조총만 쏘아댔다.

"거북선은 대장선을 공격하라!"

이순신의 명령에 따라 거북선은 용머리에서 불을 뿜으며 대장선을 향해 나아갔다. 거북선에 부딪힌 왜군대장선은 여지없이 두 동강이 났다. 우리 수군들은 천자포·지자포·현자포를 왜군 배와 뒷산에 쏘아댔다. 대포에 맞은 왜군 배에서 불길이 솟고, 뒷산에서는 비명이 터져 나왔다. 불길에 싸인 배의 왜군들은 바닷물로 뛰어들어 허우적거렸다. 원균은 지나면서 갈고리로 왜군을 건져 올렸다. 이 모습을 본 조선 수군들이 수군거렸다.

"원 수사 영감은 공을 세우려고 왜놈만 건져 올리고 있어!"

"맞아! 포로 숫자보다는 전투가 더 중요한데……."

그러나 병사들의 불만에도 아랑곳하지 않고 원균은 바다에서 왜군들을 끌어올리느라 정신이 없었다.

이순신은 병사들의 불만을 한 귀로 흘려버리면서 조선 수군들의 사기를 올리기 위해 북채를 쥔 손에 힘을 주었다.

"둥! 둥! 둥!"

이때 녹도 만호 정운은 자신의 배를 이끌고 부산포 뒷산에서 조총을 쏘고 있는 왜군들에게로 접근했다. 정운의 배에는 자신이 이순신에게 건의했던 애기살과 사수들이 타고 있었다. 정운은 애기살을 실은 뒷산에 있는 왜군들을 공격하였다.

과연 애기살은 왜군의 정신을 쏙 빼놓았다. 조선 수군의 손에서 화살이 떠나지 않았는데도 옆에 있던 군

부산포해전(기록화)

사가 화살을 맞고 쓰러지니 왜군들은 어안이 벙벙했다. 왜군들은 애기살은 보지 못하고 우리 수군들의 손에 남아 있는 덧살만 보았던 것이다.

정운의 노력으로 뒷산에서 쏘아대는 왜군의 조총도 주춤거렸다. 그러나 애기살로 공격하던 정운의 배를 왜군 배들이 포위하였다. 공격하느라 정신이 없었던 정운이 왜군 배가 가까이 오는 것을 몰랐던 것이었다.

대장선에서 정운의 배가 왜군 배에 둘러싸인 것을 본 이순신은 소리를 높였다.

"정운의 배를 구하라! 어서 정운의 배를 구하라!"

그러나 정운의 배는 이미 오랜만에 먹잇감을 찾은 맹수처럼 왜군 배들이 겹겹이 둘러싸고 있었다. 왜군 배들은 정운의 배에 집중

적으로 조총을 쏘아댔다.

"죽기를 각오하고 싸워라. 전쟁터에 나왔으면 이미 죽기를 각오한 몸. 어서 대포를 쏴라! 활을 당겨라!"

다가오는 왜군 배를 향해 화살을 날리며 정운은 부하들을 격려했다. 그러나 어느 순간 정운이 왜군의 조총에 맞고 쓰러졌다.

"장군, 정신 차리십시오."

옆에 있던 군졸이 정운을 부축했다. 군졸의 손으로 피가 흘러내렸다. 정운은 눈을 가늘게 뜨고 군졸을 나무랐다.

"뭣 하는 게냐? 나는 괜찮으니 어서 왜놈들에게 활을 쏘라!"

그리고 정운은 곧 군졸의 무릎 위로 고개를 떨구었다.

정운의 배가 왜군 배에 포위되자 이언량이 이끄는 거북선이 다가갔다. 거북선을 발견한 왜군 배들은 당황하여 꽁무니를 뺐다. 거북선은 도망가는 왜군 배에 대포를 쏘았다. 여지없이 왜군 배에서 불길이 솟았다. 거북선과 부딪친 또 다른 배는 두 동강이 났다.

겨우 정운의 배를 구했을 때 정운은 이미 전사한 뒤였다. 정운이 전사했다는 말에 이순신은 통곡을 하였다. 자신이 가장 아끼는 부하 장수였기 때문이었다.

"정운이 죽다니? 하늘도 무심하시지……."

정운의 시신을 끌어안고 울던 이순신은 굳은 결심을 하였다.

"정 만호, 내가 이 원수는 꼭 갚으리다. 약속하오. 부디 좋은 곳으로 가시오."

전라도 해남에서 태어난 정운은 7살 때 이미 '정충보국貞忠報國'

정충보국
곧은 충심으로 나라의 은혜에 보답한다.

이라는 글씨를 써서 벽에 붙이고 또 대대로 내려오는 칼을 빼어들고 나라를 위해 군인이 되겠다고 결심하였다. 그 후 28세에 무과에 급제하여 북방 오랑캐를 무찌르는 공을 세웠다. 웅천 현감과 삭녕 군수를 지냈고, 임진년에는 녹도 만호로 부임하여 이순신 장군의 지휘 아래 왜군과 싸우다 부산해전에서 전사했다. 나라에서는 정운의 공을 기리어 병조판서를 내리고 '충장忠將'의 시호諡號를 내렸다.

이순신은 가장 아끼는 녹도 만호 정운을 잃었지만 왜군 배 100여 척과 수천 명의 왜군들을 쓰러뜨리는 승리를 거두었다. 조선 수군의 피해는 정운과 6명의 군사가 전사하고, 25명이 부상당했을 뿐이었다.

부산에서 조선 수군에게 크게 패배한 왜군은 한동안 바다에는 얼씬거리지 않았다. 이순신은 걱정이 되었다.

'이러다가 전쟁이 길어지는 것은 아닐까? 전쟁이 길어지면 안 되는데……'

잠시 전쟁이 소강小康 상태를 보이자 이순신도 오랜만에 한가한 시간을 가질 수 있었다. 그러나 마냥 쉬고 있을 수만은 없었다. 전쟁에 필요한 무기와 배를 만드는데 주력하며 틈틈이 농민들의 바쁜 일손도 도왔다.

수군이 왜군을 무찌르는 동안 육지에서도 점차 승전의 소식이 들려왔다. 이들은 관군官軍이기보다는 나라가 위기에 이르자 의롭게 일어난 의병義兵이었다. 경상도 의령의 곽재우郭再祐, 전라도 담

충장
충성스러운 장군.

시호
제왕이나 재상, 어진 신하들이 죽은 뒤에 그들의 공덕을 칭송하여 붙인 이름.

소강
소란이나 혼란 따위가 잠잠해지고 그치는 기미.

관군
예전에, 국가에 소속되어 있던 정규 군대.

의병
외적의 침입을 물리치기 위하여 백성들이 자발적으로 조직한 군대나 그 군대의 병사.

곽재우(홍의 장군)
조선 중기의 의병장(1552~1617년). 자는 계수(季綏). 호는 망우당(忘憂堂). 본관은 현풍(玄風). 임진왜란 때 의령(宜寧)에서 의병을 일으켜 큰 공을 세웠고, 정유재란 때 다시 의병장으로 출전하였다. 홍의(紅衣)를 입고 선두에서 싸워 '홍의 장군'이라 불리웠다. 그 뒤 진주 목사, 함경도 관찰사 등을 지냈다.

김덕령

조선 중기의 의병장 (1567~1596년). 자는 경수(景樹). 본관은 광주(光州). 임진왜란이 일어나자 담양에서 의병을 일으켜 왜병을 크게 무찔러 호익장군(虎翼將軍)의 호를 받았고, 이듬해 의병장 곽재우와 함께 여러 차례 왜병을 격파하였다. '이몽학의 난' 때 적장과 내통한다는 모함을 받아 고문을 받고 옥사하였다.

양의 김덕령金德齡, 나주의 김천일金千鎰, 충청도 금산의 조헌, 함경도 길주의 정문부鄭文孚, 묘향산의 서산대사西山大師와 금강산의 사명대사四溟大師 등이었다.

나라가 왜군들의 침입으로 어려움에 빠지자, 조선은 명나라에 군사를 요청하였다. 그리하여 1592년 12월, 명나라에서는 이여송李如松 장군이 5만의 병사들을 이끌고 압록강을 건너왔다. 1593년 1월 8일에는 평양성에서 왜군을 물리치며 기세 좋게 남으로 나아

갔다. 그러나 벽제관 전투에서 왜군에게 크게 패하여 기가 한풀 꺾이게 되었다.

반대로 왜군의 사기는 크게 올랐다. 왜군은 다시 평양성을 회복하기 위하여 북쪽으로 나아갔다. 북쪽으로 나아가기 위해서는 고양을 거쳐야만 했는데 고양의 행주산성에는 도원수인 권율 장군이 있었다. 도요토미 히데요시의 양아들인 우키다가 이끄는 3만 명의

김천일
조선 선조 때의 의병장(1537~1593년). 자는 사중(士重). 호는 건재(健齋). 본관은 언양(彦陽). 임진왜란 때에 나주에서 의병을 일으켜 수원·강화·진주 등에서 활약하였으며, 진주성이 함락되자 자결하였다. 후에 영의정에 추증되었다. 저서에 《건재집》이 있다.

조헌
본문 p.55 풀이 참조.

정문부
조선 선조 때의 문신·의병장(1565~1624년). 자는 자허(子虛). 호는 농포(農圃). 시호는 충의(忠毅). 본관은 해주(海州). 임진왜란이 일어나자 의병을 일으켜 국경인(鞠景仁) 등의 반란을 평정하였다. 인조 때에 모함으로 살해되었으나 무고함이 밝혀져 후에 좌찬성(左贊成)으로 추증되었다. 저서에 《농포집》이 있다.

서산대사 = 휴정대사
휴정(休靜)대사의 다른 이름. 조선 선조 때의 중(1520~1604년). 속성(俗姓)은 최(崔). 자는 현응(玄應). 법호는 청허(淸虛)·서산(西山). 임진왜란 때 승병(僧兵)의 총수가 되어 서울을 수복하는 데 공을 세웠으며, 유(儒)·불(佛)·도(道) 3교 통합설의 기반을 마련하고, 교종(敎宗)을 선종(禪宗)에 섭하였다. 저서에 《선교석》, 《청허당집》, 《삼가귀감》, 《선가귀감집》 등이 있다.

사명대사 = 유정
유정(惟政)을 높여 이르는 말. 조선 중기의 중(1544~1610년). 속명은 임응규(任應奎). 자는 이환(離幻). 호는 사명당(四溟堂)·송운(松雲)·종봉(鍾峯). 유정은 법명(法名)이다. 승과에 급제하였으며, 임진왜란 때는 승병을 이끌고 왜군과 싸워 공을 세웠고, 1604년에 사신으로 일본에 건너가 전란 때 잡혀간 3,000여 명의 포로를 구해서 돌아왔다. 저서에 《분충서난록》, 《사명집》 등이 있다.

왜군을 맞아 싸운 행주산성의 조선 병사는 겨우 3천 명이었다. 발화통과 비격진천뢰飛擊震天雷, 그리고 한 번에 160발의 화살을 쏠 수 있는 화차까지 신무기를 모두 동원한 싸움이었다.

그러나 수적으로 부족했던 조선 병사들의 용감한 활약과 치마에 돌을 나른 부녀자들의 노력으로 12시간에 걸친 전투 끝에 일천여 명의 왜군을 빼놓고 모든 왜군을 물리쳐 큰 승리를 거두었다.

육지에서 왜군을 물리쳤다는 소식은 이순신에게도 전해졌다. 이순신은 크게 기뻐하였다.

'육지에서 왜군을 쫓으면 분명 바다로 나올 것이다. 이때 바다로 나온 왜군을 격파하면 쉽게 이길 수가 있다.'

이순신이 이러한 생각에 잠겨 있을 때 그를 보좌하는 병사가 들어와 보고했다.

"장군, 웅포에 왜군이 있다는 보고입니다."

"웅포에? 얼마나 있다고 하더냐?"

"왜군의 수군은 배를 포구에 묶어두고, 포구 안 동서쪽 산기슭에 흙을 쌓고 진을 치고 있다고 합니다."

이순신은 웅포야말로 조선 수군이 부산진 해상으로 나가는 길목에 자리 잡은 해안의 요새要塞라고 생각했다.

원래 왜군들의 중심지는 안골포였으나, 이 지역은 바다 쪽으로 너무 뾰족이 나와 있어 조선 수군에게 알려져 있을 뿐 아니라, 육지에서 지원을 받기에는 어려웠던 까닭에 새로운 기지가 필요했던 것이다. 그래서 배를 쉽게 감출 수 있고, 또 육지의 지원을 쉬이 받을 수 있는 웅포로 이동한 것이다. 조선 수군이 공격하는 것을 막기 위한 첫 번째 중심기지로 정한 곳이 바로 부산이었다. 이곳에는 일본의 수군 대장인 와키자카, 가토, 가메이, 구시 요시다카 등이 지휘를 하고 있었다.

부산포에 있는 왜적을 무찌르기 위해서는 우선 웅포에 숨어 있는 적들을 공격해야 했다. 이순신은 1월 30일에 모든 배를 여수 수영 앞으로 모이게 했다.

그리고 전라우수사 이억기와 경상우수사 원균에게도 사람을 보내 함께 출전하자고 하였다.

2월 6일, 출발하여 7일에 견내량에서 전라우수사 이억기와 만났다. 이어서 경상우수사 원균의 부대와 합친 이순신은 율포에 가까이 갔다. 그러나 율포 앞바다는 포구가 좁아 조선 수군의 거북선을 비롯한 판옥선이 활동하기에는 어려움이 많았다.

"할 수 없군요. 지난번처럼 왜군 배를 끌어내는 수밖에 없을 것 같습니다."

이순신의 말에 이억기와 원균도 고개를 끄덕였다. 세 사람의 의견이 모아지자 이순신은 배 3척을 이끌고 율포 앞바다로 나가 천자포와 지자포를 쏘며 왜군 배를 끌어내려고 하였다. 하지만 왜군 배들은 조선 수군의 유인에 휘말리지 않도록 도요토미 히데요시의 명령이 있었기에 산기슭에 파놓은 굴에서 조총만 쏠 뿐이었다.

왜군 배를 끌어내는데 실패한 이순신은 한숨을 지었다. 그러자 이억기가 말했다.

이여송
중국 명나라의 무장(?~1598년). 요동 출신. 자는 자무(子茂). 호는 앙성(仰城). 임진왜란 때에 병사를 이끌고 우리나라를 도우러 와서 고니시 유키나가(小西行長)의 군을 무찔렀으나, 벽제관(碧蹄館) 싸움에서 고바야카와 다카카게(小早川隆景)에게 크게 패하였다. 후에 본국으로 돌아가 요동총병관이 되어 활약하다가 전사하였다.

발화통
수류탄의 일종.

비격진천뢰
조선 선조 때 이장손이 발명한 폭탄. 화약, 철편(鐵片), 뇌관을 속에 넣고 겉은 쇠로 둥근 박처럼 싸서 만든 것으로, 먼 거리에 쏘아 터지게 하였다.

요새
군사적으로 중요한 곳에 튼튼하게 만들어 놓은 방어 시설이나 그런 시설을 한 곳을 일컬음.

"부산포에서처럼 우리 배들이 번갈아 가며 포구로 가까이 가서 율포의 왜군 동굴을 향해 집중적으로 천자포와 지자포를 쏘면 나오지 않을까요?"

"저번에 속은 것을 알고 있는 왜놈들이 속을까요?"

원균이 고개를 갸웃거렸지만 이순신은 다른 방법이 없었기에 이억기의 작전에 따르기로 하였다.

"모든 배들은 10척씩 조를 짜 왜놈들에게 집중적으로 포를 쏘도록 하라!"

이순신의 명령에 따라 조선 수군들은 일자로 배를 늘어뜨려 왜군들의 동굴에 집중적으로 천자포와 지자포를 쏘아댔다. 그러나 이번에도 큰 효과가 없었다.

이순신은 난감했다. 이때 방답 첨사인 이순신李純信이 말했다.

"장군, 애기살을 이용하면 어떨까요?"

"애기살을?"

"날래고 빠른 병사를 뽑아 배에 태워 몰래 웅포의 뒷산으로 가도록 한 다음 애기살을 가지고 집중적으로 공격하면 될 것입니다."

"육지에서 싸우면 왜놈들에게는 조총이 있지 않은가?"

"조총이 날아오는 거리는 100보 안쪽입니다. 그런데 우리가 쓰는 애기살은 150보에 이릅니다. 얼마든지 왜놈들을 바다 쪽으로 쫓아낼 수 있을 것입니다."

"조총이 100보라고? 왜 그것을 이제야 말하는가?"

이순신은 방답 첨사 이순신李純信에게 핀잔을 주었다. 방답 첨사 이순신李純信은 머리를 숙이며 말했다.

"늘 말씀드린다고 하다가 이렇게 늦었습니다요. 죄송합니다."

"어쨌든 좋은 정보요. 이제 방답 첨사의 말대로 육지와 바다에서 합동으로 왜군을 공격하는 겁니다."

방답 첨사 이순신李純信의 제의로 이순신은 가장 날쌔고 튼튼한 배 15척을 포구 가까이 가게 하여 왜군들을 공격했다. 이 틈에 의병장 성응지, 스님 삼혜와 의능이 이끄는 조선 수군을 제포와 안골포로 상륙시켰다.

동서 양쪽에서 율포를 공격하니 왜군들은 당황하여 흔들렸다. 조선 수군이 육지까지 올라와 공격하리라고는 전혀 생각을 하지 못했기 때문이었다. 왜군들이 흔들리자 바다에 있던 조선 수군들은 더욱 율포로 가까이 가서 천자포와 지자포를 쏘고 새로운 신무기인 비격진천뢰를 왜군의 동굴을 향해 쏘니 왜군들은 달아나기에 바빴다. 비격진천뢰는 중국에서 성곽城郭을 공격할 때 쓰던 진천뢰를 우리나라 무기 기술자인 이장손李長孫이 성능을 높여 만든 것이다. 한번 쏘면 300m 이상 날아가 실에 붙은 불길이 폭탄에 닿는 순간 큰 폭발음과 함께 터지는 새로운 무기였다.

"너무 깊숙이 들어가지 마라."

이순신의 명령에 따라 조선 수군들은 일정한 거리에서 왜군을 공격하였다.

'왜군 배를 모두 태워 버리면 이놈들이 우리 백성들에게 해를 끼칠지도 몰라. 더구나 한 달 동안의 전투로 우리 병사들도 매우 지

이장손
조선 선조 때의 발명가. 군기시에 소속된 화포공(火砲工)으로서 임진왜란 때에 오늘날의 박격포와 비슷한 비격진천뢰라는 화포를 만들어 수군 함포에 이용하여 많은 적선을 쳐부수는 데 공헌하였다.

쳐 있다.'

이순신은 드디어 결심했다.

"후퇴하라!"

이순신의 명령에 따라 조선 수군들은 각각 나누어 자신들의 본영本營으로 돌아갔다. 이순신도 본영을 여수에서 한산도로 옮긴 뒤 병사들의 노고를 치하했다.

어느덧 1년이란 세월이 소리 없이 흐르고 있었다.

"어명御命이오! 좌수사 이순신은 어명을 받으시오."

이순신은 깜짝 놀라 밖으로 나왔다.

"전라좌수사 이순신에게 삼도 수군통제사三道水軍統制使의 벼슬을 내리는 주상전하의 어명이오. 이순신은 어서 절을 올리고 어명을 받으시오."

이순신은 북쪽을 향해 절을 했다.

**전라좌도 수군절도사 이순신을 경상도와 전라도,
충청도의 수군을 감독하는 통제사로 임명하노라.**

1593년 8월 15일(선조 26년), 드디어 이순신은 조선의 모든 수군을 지휘하는 최고의 자리에 올랐다.

본영
진두지휘를 하는 본부가 있던 군영.

어명
임금의 명령.

삼도 수군통제사
해군 총지휘관. 조선 초기에는 각 도의 수군을 수군절도사가 지휘하였다. 그러나 임진왜란이 일어나자 경상·전라·충청 3도의 수군을 통솔하여 지휘할 필요가 있다고 판단하여 삼도수군통제사를 신설하고 전라좌수사 이순신(李舜臣)이 이 직책을 겸하게 한 것이 그 시초였다.

| 조선시대 이야기 | 09

임진왜란 때 백성들이 나서서 싸웠다면서요?

우리나라는 많은 외적의 침입을 받을 때마다 백성들이 나서서 나라를 지켰습니다. 백성들이 의롭게 군사로 나서서 외적을 막았다고 하여 이들을 가리켜 '의병義兵'이라고 하지요.

임진왜란 때에도 의병들이 큰 역할을 하였습니다. 경상도 의령에서 곽재우를 시작으로 충청도 금산에서 조헌, 전라도 담양에서 고경명, 함경도 길주에서 정문부, 금강산에서 사명대사, 묘향산에서는 서산대사가 나섰습니다.

곽재우는 왜군이 가는 길목마다 지키고 있다가 기습 공격하여 큰 공을 세웠습니다. 특히 남강을 이용하는 등 지리적 이점을 활용하여 왜군을 공격하는데 능한 장군이었지요. 그리고 붉은 색으로 된 옷을 입고 왜군을 무찔렀기에 곽재우를 '홍의장군'이라고 불렀답니다. 곽재우는 호남으로 넘어가는 길을 굳게 지킴으로써 이순신 장군이 남해 바다를 지키는데 큰 도움을 주었으며, 호남의 곡창지대를 보호할 수가 있었습니다.

정문부는 왜군 선봉장인 가토 기요마사가 함경도 해안선을 따라 북쪽으로 진군하는 것을 무찔렀습니다. 선조가 의주로 피난을 간 것과 달리 선조의 첫째 아들인 임해군은 함경도 회령으로 피난을 갔습니다. 이때 죄를 짓고 이곳에서 귀양살이를 하던 아전 국경인, 국세필이 왜군과 내통하여 임해군을 가토에게 넘겨주고, 그 대가로 일본의 병사

벼슬을 얻어 회령과 경성 고을을 다스렸답니다. 이를 보고 평사 정문부는 의병 100여 명을 모집하여 국경인과 국세인을 비롯하여 일본과 결탁한 두만강 근처의 친일파들을 모조리 잡아 처형했습니다.

그러자 정문부를 따르는 의병수가 7천 명으로 늘어났습니다. 정문부는 길주성에 머무는 왜군을 공격하러 가다가, 조선 의병이 온다는 소식을 듣고 성을 빠져나오던 왜군을 크게 물리쳤습니다. 이에 왜군이 길주성으로 들어가자 정문부는 성을 완전 포위하였답니다. 성 안에 갇힌 일본군은 추위에 얼어 죽는 사람이 나왔고, 땔감과 군량이 부족하여 길주성을 버리고 마천령으로 넘어가는 적을 쫓아 단천 말티 고개에서 세 번에 걸친 싸움 끝에 왜군을 물리쳤습니다. 이로써 정문부가 함경도 지방을 왜군으로부터 완전히 회복했는데 이를 통틀어 '북관대첩' 이라 합니다.

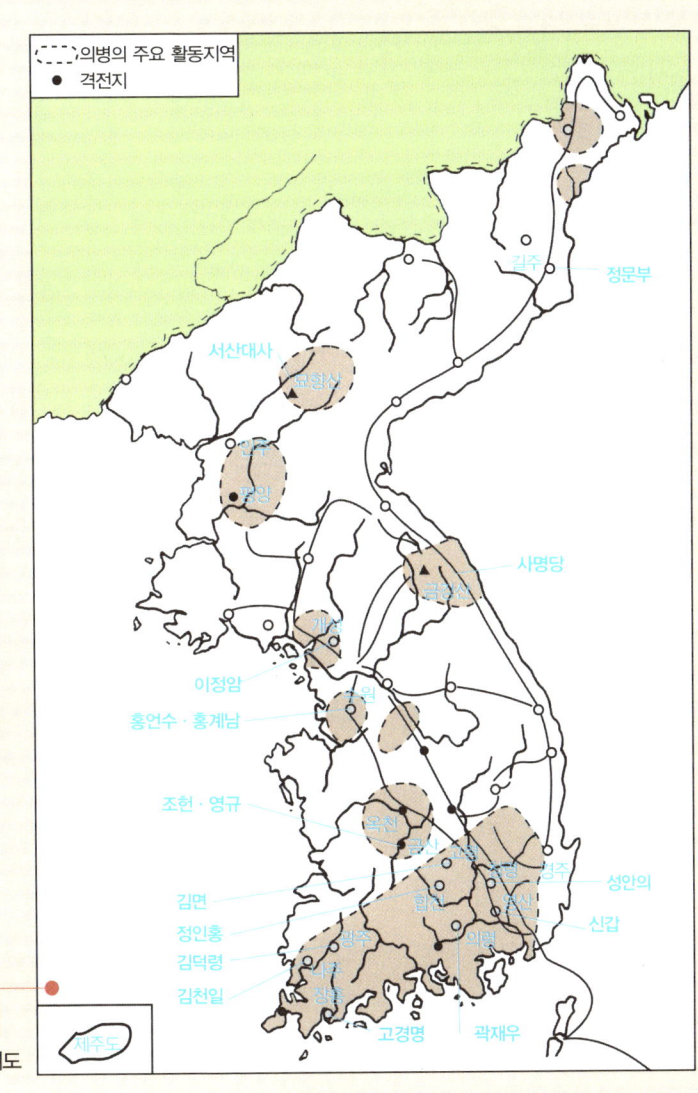

임진왜란 당시 의병활동 지도

10. 또다시 백의종군 白衣從軍

잠시 평화로운 날이 이어졌다. 이순신은 한산도에 머물며 전쟁을 피해 떠도는 백성들을 돌산도에 살게 하면서 농사를 짓도록 했다. 황무지를 개간하고 어장을 새로 열어 고기도 잡게 하였다. 백성들은 전쟁 중에도 식량 걱정 없이 평화롭게 생활하였다. 모든 것이 이순신의 덕이라고 칭송하였다.

그러나 육지에서의 상황은 매우 불리했다. 우리나라를 빼놓고 명나라와 왜국 사이에 강화회담이 진행되고 있었다. 명나라 군대가 우리를 도와 육지의 왜군들을 바다로 몰아내 준다면 얼마든지 이순신에 의하여 왜군을 물리칠 수가 있었다. 하지만 명나라는 왜국과의 회담에 시간을 끌기만 하였다. 반대로 왜국은 회담을 끄는 동안 본국에서 군사와 무기를 지원받으려는 수작이었다.

1594년 3월 6일, 이순신은 명나라 선유도사인 담종인으로부터

'금토패문禁討牌文'을 받았다.

> **금토패문**
> 정벌을 금하는 내용이 있는 문서.

조선군은 후퇴하는 왜군과 서로 충돌하거나 싸우지 말지어다.

이때 한산도에는 열병이 돌고 있었다. 이순신도 열병에 걸려 고생을 하고 있었다. 이순신은 이를 갈았다.

"이런, 우리나라를 도우러 왔다는 놈들이 겨우 이런 무책임한 소리를 하다니!"

이순신은 곧 군관軍官 정사립을 불러 받아 적도록 했다. 몸이 아파 직접 글을 쓸 수가 없었던 것이다.

> **군관**
> =장교.

조선의 신하 삼도 수군통제사 이순신은 명나라 선유도사 대인 앞에 글을 올립니다.

왜군이 먼저 바다를 건너와서 우리의 죄 없는 백성들을 죽이고,

또 한성까지 침범하여 그 횡포가 말로 다할 수 없습니다.

우리 백성들은 원통함이 뼈에 사무쳐

맹세코 그러한 도적들과 하늘을 같이 하지 않으려 합니다.

왜군들은 거제, 웅천, 김해, 동래 등지로 몰려다니고 있습니다.

그곳은 모두 우리 조선 땅입니다.

조선 군사에게 조선 땅에 가까이 가지 말라고 하는 법이 어디 있사옵니까?

그리고 우리 조선 군사더러 속히 고향으로 돌아가라고 하였는데,

이 나라 전체가 우리 고향인데 어디로 가라는 말씀입니까?
또 혼란을 일으킨 자는 우리가 아니라 왜군들입니다…….
― 삼도 수군통제사 이순신

이순신은 금토패문의 잘못된 점을 하나하나 지적하였다. 이순신의 글을 받아든 담종인은 더 이상 조선 수군의 활동에 방해를 하지 않았다.

그러나 열병은 더욱 퍼졌다. 급기야 광양 현감으로 용감하게 왜군을 맞아 싸우며 남해안의 뱃길에 능했던 어영담이 세상을 떠났다. 그 외에도 많은 병사들이 열병으로 세상을 떠났다.

이순신은 안타까웠다. 자신이 가장 아끼던 녹도 만호 정운을 부산해전에서 잃고, 또다시 어영담을 잃으니 양 팔이 없어진 듯 허전하고 가슴이 아팠다. 아픈 마음을 달래며 한산도閑山島에 설치된 운주당으로 올라갔다. 그곳에서 바라보는 달은 서럽도록 휘영청 밝았다. 불현듯 고향 생각이 나 이순신은 붓을 집어 들었다.

한산도
경상남도 통영시 한산면에 속하는 섬. 이순신의 수군(水軍) 근거지였다.

수루
적군의 동정을 살피려고 섬 위에 만든 누각.

시름
마음에 걸려 풀리지 않고 항상 남아 있는 근심이나 걱정 따위.

일성호가
한 곡조의 피리 소리.

한산도 달 밝은 밤에 수루戍樓에 혼자 앉아
큰 칼 옆에 차고 깊은 시름 하는 적에
어디서 일성호가一聲胡笳는 남의 애를 끊나니.

1596년 11월, 명나라 심유경과 왜군대장 고니시 유키나가 사이의 강화회담은 시간만 끌고 있었다. 명나라는 왜군에게 조선과 대

마도에서 완전히 철수할 것을 요구하였다. 그러나 왜국은 조선 왕자가 왜국에 와서 사과한 뒤 삼남지방을 왜국에게 줄 것을 요구하였다. 명나라와 왜국의 대표는 두 나라 사이의 의견을 좁히지 못하고 회담을 끝내고 헤어졌다.

회담이 아무런 성과 없이 끝나자 왜국은 다시 조선을 침범할 준비를 하였다. 고니시 유키나가는 조선을 침략하는데 가장 큰 걸림돌로 이순신을 지목指目하였다. 이순신만 없다면 쉽게 조선을 정복할 것으로 생각되었다.

1597년 1월, 고니시 유키나가는 자신의 통역관으로 일하며 조선 사람들과도 친분이 있는 요시다를 불렀다.

"요시다, 당신은 어느 나라 사람인가?"

"그야 물론 왜국 사람입지요."

"이번에 우리 왜국을 위해 일을 하게나."

"예, 말씀만 하십시오."

고니시 유키나가는 요시다에게 은밀하게 말했다.

"내가 하는 말을 자네가 알고 있는 조선인에게 넌지시 흘리게."

'왜군대장 중 가장 조선인들에게 피해를 많이 준 가토 기요마사가 대마도에 있는데, 바람이 좋은 날을 골라 7천여 명의 왜군을 이끌고 조선으로 갈 것'이라는 내용이었다.

요시다는 경상우도 병마사인 김응서金應瑞에게 이 같은 정보를 알려 주었다. 김응서는 자신의 벼슬을 높일 수 있는 좋은 기회라고

삼남지방
충청도·경상도·전라도를 가리킨다.

지목
사람이나 사물이 이러하다고 가리켜 정함.

대마도
'쓰시마 섬'을 우리 한자음으로 읽은 이름.

김응서
조선 중기의 무장. 임진왜란 때 명나라의 장수 이여송과 함께 평양성을 탈환했다. 뒤에 경상 좌병사가 되어 부산도 탈환하였다.

생각하여 나라에 글을 올렸다.

　왜군대장 가토 기요마사가 바다를 건너 우리나라로 온다고 하니 이순신을 시켜 물리치도록 하십시오.
　― 경상우도 병마사 김응서

　나라에서는 왜군을 조선 땅에서 몰아낼 수 있는 가장 좋은 기회라고 여겼다. 그리하여 곧 이순신에게 병사들을 이끌고 거제도로 가 왜군을 막으라는 명령을 내렸다.
　그러나 이순신의 생각은 달랐다. 거제도 앞바다는 복잡한 해안선으로 왜군들이 숨을 곳이 많아 언제 조선 수군이 기습 공격을 당할지 알 수 없는 곳이었다. 더구나 바다의 날씨는 언제 어떻게 변할지 모르는 일이었기에 바다에서 왜군을 기다린다는 것은 조선 수군을 무너뜨리겠다는 것이었다. 명령을 받들면 나라가 망할 수도 있고, 명령을 받들지 않으면 불충不忠의 죄를 짓는 것이니 쉽게 결정을 내릴 수가 없었다.

불충
충성스럽지 못함.

　이순신은 곰곰이 생각한 끝에 명령을 받들지 않기로 했다. 불충의 죄를 짓고 벌을 받는 것이야 얼마든지 견딜 수 있으나, 자신의 섣부른 판단으로 인해 나라가 해를 입으면 안 되기 때문이었다.
　그러나 때맞추어 충청도 병마사로 간 원균이 선조에게 글을 올렸다.

전하,

왜군이 온다는데 부산 앞바다 가덕도에서 왜군을 맞아 싸우면 승리할 수 있습니다.

— 충청도 병마사 원균

원균의 글은 평소 이순신을 미워하던 관리들에게 좋은 기회를 만들어 주었다.

"이순신이 전하의 명령을 거역했습니다."

"나라의 명령을 거역한 죄를 지었으니 삼도 수군통제사에서 파직罷職해야 합니다."

파직
관직에서 물러나게 함. 관직에서 강제로 끌어내림.

관리들의 의견에 임금도 고개를 끄덕였다.

"이순신은 짐의 명령을 어겼으니 당장 잡아들여라. 그리고 원균을 삼도 수군통제사로 임명하노라."

선조의 명령에 따라 선전관과 새로 삼도 수군통제사가 된 원균이 1597년 2월 26일에 한산도로 내려왔다. 이미 이순신은 나라에서 벌을 내릴 것으로 생각하고 주변을 정리하고 있었다.

"죄인 이순신은 나와 오랏줄을 받아라!"

이순신은 무릎을 꿇고 오랏줄에 묶였다. 그리고 한성을 향하여 발길을 옮겼다. 떠나가는 이순신을 뒤따르며 백성들은 통곡했다.

이원익
조선 중기의 명신(1547~1634년). 자는 공려(公勵). 호는 오리(梧里). 본관은 전주(全州). 1569년 문과에 급제하여 정언, 대사헌 등을 거쳐 우의정, 영의정을 지냈다. 임진왜란 때 대동강 서쪽을 잘 방어하여 호성공신(扈聖功臣)이 되었으며, 대동법을 시행하여 공부(貢賦)를 단일화하였다. 저서에 《오리집》, 《오리일기》가 있다.

이순신이 삼도 수군통제사에서 파직되고 죄인의 몸이 되었다는 소식에 왜국과의 전쟁을 총 지휘하던 이원익은 선조에게 글을 올려 왜국의 잔꾀에 속으면 안 된다는 것을 알렸다. 그러나 다른 관리들은 이원익까지 죄인이라며 공격하였다. 이원익도 더 이상 말을 할 수가 없었다.

통제영을 떠난 이순신이 한성에 도착한 것은 3월 4일이었다. 이순신에 대한 문초問招는 윤근수尹根壽가 맡았다. 윤근수는 서인西人을 이끌고 있는 좌의정 윤두수尹斗壽의 동생이었다.

"죄인은 어찌하여 주상전하의 명령을 거역하였느냐?"

"때를 기다린 것입니다."

"때를 기다려? 왜놈들한테 뇌물을 받고 출정을 안 한 것이 아니더냐?"

이순신은 대꾸할 필요도 없는 말이라 잠자코 있었다.

"죄인이 삼도 수군통제사 원균의 공도 가로챘다면서?"

이순신은 할 말을 잃었다. 사실 왜군과의 전투에서 꽁무니를 빼면서 바다에 죽어 떠다니는 왜군의 시신을 건져 올리며 공을 세우려 한 것은 바로 원균이었던 것이다.

"제가 벌을 받아야 한다면 왜놈을 다 죽이지 못한 죄뿐입니다."

이순신은 헝클어진 머리를 쓸어 올리며 말했다. 몸은 지쳐 있지만 눈빛만은 그 어느 때보다도 맑았다. 윤근수는 유성룡과는 반대파였다. 유성룡의 추천으로 이순신이 전라좌수사가 되었으며, 유성룡은 동인東人을 대표하는 사람이었기에 더욱 이순신을 죄인으로 몰아갔던 것이다.

"사실대로 말하지 않는 죄인에게 곤장棍杖을 쳐라!"

이순신이 곤장을 맞고 기절하면 윤근수는 물을 뿌렸다. 고문拷問

문초
죄나 잘못을 파헤쳐 묻거나 심문함.

윤근수
조선 선조 때의 문학자·공신(1537~1616년). 자는 자고(子固). 호는 월정(月汀). 1558년 문과에 급제하여 부수찬·예조판서·우찬성·판의금부사 등을 역임했다. 중국 명나라와의 외교를 담당하여 국난 극복에 힘썼으며, 이황의 제자로 성리학을 깊이 연구하였고, 율곡과 막역한 사이였다. 특히 글씨에 능하여 '영화(永和)의 체'라는 독특한 서체를 사용하였다. 저서에 《사서토석》, 《마한사초》, 《한문질의》, 《송도지》 등이 있다.

윤두수
조선 선조 때의 문신(1533~1601년). 자는 자앙(子仰). 호는 오음(梧陰). 본관은 해평(海平). 1555년 정시에 장원 급제, 1558년 대과(大科)에 급제하여 수찬·참의·대사헌·참판·관찰사·좌의정·영의정 등을 역임했다. 문장이 뛰어났고, 글씨에도 문징명체(文徵明體)를 본떠 일가를 이루었다. 저서에 《연안지》, 《평양지》, 《기자지》, 《성인록》 등이 있다.

곤장
죄인의 볼기나 허벅지를 치던 예전의 형구. 또는 그 형벌을 말함. 버드나무로 넓적하고 길게 만들었다.

> **주리**
> 죄인의 두 다리를 한데 묶고 다리 사이에 두 개의 대를 끼워 비트는 형벌.

은 끈질겼다. 이순신이 깨어나면 같은 질문과 고문이 이어졌다.

"주리를 틀라!"

하지만 이순신은 자신의 주장을 굽히지 않았다.

선조는 관리들을 모아놓고 회의를 하였다. 윤두수가 먼저 입을 열었다.

"이순신은 가토 기요마사의 뇌물을 받고 주상전하의 명령을 거역한 반역 죄인입니다. 이런 대역 죄인은 하루속히 참형斬刑에 처해야만 합니다."

> **참형**
> 목을 베어 죽임. 또는 그런 형벌을 일컬음.
>
> **정경달**
> 조선 선조 때의 문신. 자는 이회(而晦). 호는 반곡(盤谷). 본관은 영광(靈光). 1600년 문과에 급제하여 이순신의 종사관으로 활약하였다. 임진왜란 때 선산군수로 일본군을 물리쳤고, 선조에게 이순신의 충성심을 간언한 것으로 유명하다.
>
> **종묘사직**
> 왕실과 나라를 통틀어 이르는 말.
>
> **정탁**
> 조선 선조 때의 문신(1526~1605년). 자는 자정(子精). 호는 약포(藥圃)·백곡(栢谷). 본관은 청주(淸州). 1558년 문과에 급제하여 좌의정을 지냈으며, 임진왜란 때 왕을 호종한 공으로 서원부원군(西原府院君)에 봉하여졌다. 저서에 《약포집》, 《용만문견록》 등이 있다.

서인들은 한결같이 윤두수의 말에 찬성을 하였다.

"이순신을 살려두면 반드시 화가 될 것이옵니다."

"통촉하시옵소서!"

이때 한산도에서 이순신의 종사관으로 있었던 정경달丁景達이 나섰다.

"전하께서 만일 그를 죽이신다면 종묘사직宗廟社稷이 위험할 것이옵니다."

정경달의 반대에도 불구하고 이순신을 처벌하라는 주장이 계속되자 선조는 회의를 끝냈다.

이때 판중추부사 정탁鄭倬이 글을 올렸다. 정탁은 이순신의 충성심과 백성들을 사랑하는 마음을 누구보다도 잘 알고 있었다. 잘못하다간 영영 충신을 잃을 것 같은 생각이 들었기 때문이었다.

전하, 신이 일찍 벼슬을 받아 죄수를 조사해 본 적이 한두 번이 아닌데,

보통 죄인들이 한 번 조사를 받고는 그대로 몸을 상하여 쓰러져 버리고 마는 사람이 많습니다. 설령 좀 더 밝혀 줄 만한 사정이 있더라도 이미 목숨이 끊어져 어쩔 수 없는 경우가 많습니다.

무릇 충신이란 나라의 보배입니다.

신은 이순신이 전하의 명령을 거역한 것은 잘못된 것이라 생각하옵니다.

그러나 이순신은 나라가 위기를 만났을 때 왜놈들을 막아낸 사람입니다.

한때의 잘못을 가지고 그간의 공을 무시한다면 그 누가 나라를 위하여 나서겠습니까?

아직 왜놈들이 완전히 물러난 것은 아닙니다.

훌륭한 사람은 한번 잃으면 다시는 되찾을 수가 없을 것이옵니다.

전하께서 장수를 거느리고 충신을 쓰는 길을 생각하시면서 허물을 용서하신다면 이순신은 스스로 새로워지는 길을 열어 목숨을 바쳐 전하께 충성을 다할 것입니다.

— 판중추부사 정탁

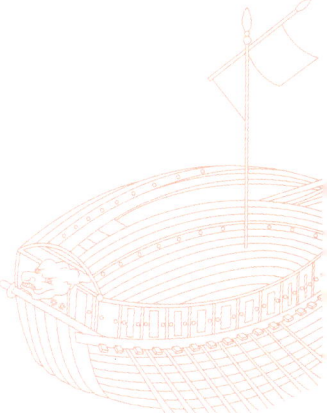

정탁의 조리 있고 힘 있는 글에 이순신을 죽이라고 주장하던 서인들도 더 이상은 나서지 못했다. 선조는 회의를 끝내고 명령을 내렸다.

"이순신을 도원수 권율의 밑에서 백의종군하게 하라."

4월 초하루, 이순신은 마침내 감옥에서 나와 또다시 백의종군에 나서게 되었다. 많은 부하 장수들이 사람을 보내거나 직접 찾아와 안부를 물으며 안타까워했다. 그러나 이순신은 부하 장수들마저 화를 당할까 봐 그들을 달가워하지 않았다.

4월 3일에 이순신은 한성을 떠나 권율의 부하 병사들과 함께 5일에 아산에 이르렀다. 아산에 이르자 큰 조카 뇌가 달려왔다.

"숙부님!"

뇌와 함께 선산에 있는 조상들의 산소에 풀을 깎고 아버지의 산소에 이르러 무릎을 꿇었다. 이순신은 엎드려 울음을 터뜨렸다. 옆에서 지켜보던 조카 뇌도 함께 울었다.

이순신이 산에서 내려오자 마을 사람들이 기다리고 있었다. 그들은 한결같이 이순신의 손을 잡으며 마음으로 위로를 했다.

5일을 아산에 머문 이순신은 다시 초계를 향해 길을 떠나야 했다. 어머니를 만나지 못한 것이 한스러웠지만 죄인의 몸이라 어쩔 수 없었다.

"나으리!"

길을 떠난 지 얼마 되지 않아 이순신의 집에서 일을 하는 하인이 헐레벌떡 달려왔다.

"무슨 일이냐?"

하인은 이순신의 앞에 무릎을 꿇고 눈물을 흘렸다. 불길한 생각이 머리를 스쳐지나갔다.

"나으리, 대부인마님께서 순천에서 이곳으로 돌아오시다가 그만……."

"아, 어머니!"

이순신은 자신을 원망했다. 자식으로서 부모님이 돌아가실 때 곁에서 지켜보는 것이 도리였다. 하지만 이순신은 건원보 권관으로 있을 때 아버지가 세상을 떠나 임종을 보지 못했다. 자신이 죄인의 몸이기에 어머니의 임종 또한 지키지 못한 것이다.

이순신은 포구로 달려갔다. 그러나 어머니 변씨는 이미 싸늘한 시신이 되어 있었다. 이순신은 시신을 끌어안고 통곡을 하였다.

"어머니! 어머니!"

옆에서 이를 지켜보던 이들도 눈시울이 붉어졌다.

"너무 지체되었습니다. 어렵겠지만 이제 떠나셔야겠습니다."

금부도사禁府都事 이사빈이 서둘렀다. 이순신은 어쩔 수 없이 어머니께 마지막 인사를 올렸다.

'세상에 나 같은 불효자가 또 있을까?'

이순신은 가슴을 도려내는 듯한 아픔을 느꼈지만 나라의 명을 따라야만 했다.

아산을 떠나 6월 8일에 초계에 도착한 이순신은 도원수 권율을 만났다.

한편 도요토미 히데요시는 이순신이 수군 지휘권을 잃자 600여 척의 전함을 만들어 조선으로 보냈다. 권율은 육지에서 싸우던 장

> **금부도사**
> 조선시대 때 의금부에 속하여 임금의 특명에 따라 중죄인을 신문(訊問)하는 일을 맡아보던 종5품 벼슬.

수였기에 바다에서의 싸움에는 능숙하지 못했다. 왜군이 쳐들어오자 권율은 원균을 다그쳤다.

"어서 나가 왜군을 물리치시오! 그 당당하던 패기覇氣는 다 어디로 간 게요?"

> **패기**
> 어떤 어려운 일이라도 해내려는 굳센 기상이나 정신.

"지금은 나갈 때가 아니라서 때를 기다리는 것입니다."

원균은 이순신이 싸우지 않고 때를 기다린 것을 그제야 알 수가 있었다.

"원 수사는 이순신이 곧바로 나가 싸우지 않은 것이 왜군을 두려워한 때문이라고 하지 않았소?"

"그때는……."

원균은 말을 잇지 못했다. 그가 더듬거리자 화가 난 권율이 명령을 내렸다.

"저자에게 곤장 50대를 쳐라!"

"장군, 너무 하십니다."

오늘날의 육군 총사령관인 권율이 해군 총사령관인 원균에게 곤장을 치라고 하였으니 군졸들은 어리둥절하여 권율을 쳐다볼 수밖에 없었다. 군졸들이 망설이자 권율이 다시 소리쳤다.

"어서 곤장을 치지 않고 무엇 하는 게냐!"

하는 수 없이 군졸들은 원균을 형틀에 매달고 곤장을 쳤다. 원균은 이를 갈았다.

> **형틀**
> 죄인을 신문할 때에 앉히거나 묶어두던 형구.

'어디 두고 보자!'

한산도로 돌아온 원균은 권율에게 곤장을 맞은 것이 억울하여 술로 세월을 보냈다. 원균이 술로 세월을 보낸다는 사실은 조정에도 전해졌다. 선조는 원균에게 출전을 명령했다. 더 이상 물러설 수 없었던 원균은 7월 5일, 드디어 출전을 결심하였다.

"자! 출전이다."

그러자 이억기가 반대하였다.

"통제사 나으리, 지금 출전하는 것은 우리 수군을 죽음으로 몰고 가는 것입니다. 지금 비가 내리고 있어 배가 바다로 나아가기도 어렵습니다."

그러나 원균은 이억기의 말을 무시했다.

"무슨 소리를 하시오. 당장 출전이오."

그러자 이억기가 한발 양보하며 말했다.

"그럼 밤에 출전하는 것은 어떻습니까?"

원균은 이억기를 바라보며 말했다.

"무슨 겁이 그렇게 많소이까? 밝은 대낮에 우리의 모습을 왜군들이 보아야 겁을 먹을 것이 아니겠소?"

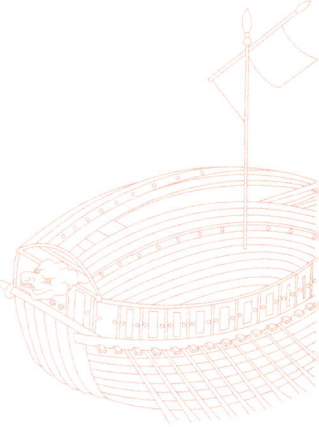

원균은 자신의 뜻을 굽히지 않고 부산으로 나아갔다. 거북선 두 척과 260여 척의 수군 병력이었다. 그러나 바람이 불고 파도가 높아 배가 나아가기는 어려웠다. 노를 젓는 수군들은 손에 물집이 생길 정도로 애를 쓰고 있었다. 하지만 원균은 이에 아랑곳하지 않았다. 그의 머리에는 오로지 출전을 해야 한다는 생각뿐이었다.

부산으로 가는 곳곳에는 이미 왜군들이 배를 숨기고 원균을 기다리고 있었다. 그들은 원균에게 쫓기는 척하면서 조선 수군을 큰

유인
주의나 흥미를 일으켜 꾀어 내거나 밖으로 끌어냄.

바다로 유인誘引하였다. 원균이 이끄는 배들은 바다 한가운데서 밤을 지샐 수밖에 없었다.

비가 그치자 밤바다는 고요했다. 파도도 잔잔했다. 그때 조선 수군이 멈추어 있는 배로 가까이 다가오는 그림자들이 있었다. 바로 왜군들이었다. 조선 수군들은 낮에 노를 젓느라 피곤하여 모두 잠에 빠져 있었다. 왜군들은 조선 수군의 배로 기어올라 여기저기에 불을 놓았다.

"불이야, 불!"

우왕좌왕
이리저리 왔다 갔다 하며 일이나 나아가는 방향의 갈피를 잡지 못함.

임진년
1592년을 말함.

포위
주위를 에워싸거나 둘러쌈.

불길이 치솟자 조선 수군은 당황하였다. 우왕좌왕右往左往하며 혼란에 빠져 정신을 차리지 못했다. 왜군은 조총과 불화살로 일시에 공격을 퍼부었다. 임진년壬辰年에 수많은 왜군을 맞아 용감하게 싸우며 패배를 모르던 조선 수군은 여지없이 무너졌다.

"완전히 포위包圍되었구나. 후퇴하라!"

원균의 목소리는 메아리만 칠뿐이었다. 아무도 그의 말에 귀를 기울이지 않았다. 원균은 자신이 타고 있는 배를 이끌고 가까운 육지로 갔다. 그의 곁에는 아들 사웅만이 지키고 있었다. 갑옷과 투구를 벗어던진 원균과 사웅이 나무 아래에서 쉬고 있을 때 왜군들이 그들을 에워쌌다. 원균과 사웅은 서로를 등진 채 왜군과 싸웠다. 그러나 이미 바다에서 빠져나오느라 지쳐 있던 두 사람은 왜군의 칼날에 맥없이 쓰러졌다.

이순신이 애써 쌓아놓은 조선 수군은 하루아침에 왜군의 희생물이 되어 버렸던 것이다. 260여 척의 조선 수군 배 중 12척의 배만 남았다. 그나마 이 배들은 왜군과의 싸움이 두려웠던 경상우수사 배설裵楔이 이끌고 도망갔기 때문에 온전한 것이었다. 이것이 조선 수군이 왜군에게 처음이자 마지막으로 패한 '칠전량해전'이었다.

칠전량을 벗어난 배설은 12척을 이끌고 가장 안전한 곳인 한산도로 갔다. 배설의 예상대로 한산도까지는 왜군들의 발길이 미치지 않았다. 배설은 무엇부터 해야 할지 몰라 안절부절 못했다.

'이곳도 언제 왜놈들이 쳐들어올지 몰라······.'

배설은 무기고로 갔다. 무기고에는 이순신이 만들어놓았던 총과 활, 화살이 가득했다.

'이것을 두고 가면 왜놈들이 쓰겠지? 그건 안 돼. 차라리 불태우는 게 낫겠다.'

배설은 무기고를 모조리 불태운 뒤 식량 창고로 갔다. 식량 창고에도 이순신의 흔적이 남아 있었다. 배설은 병사들에게 명령했다.

"쌀을 모두 배에 싣도록 하라."

배설의 명령에 따라 병사들은 쌀가마를 배에 실었다. 더 이상 배에 실을 수 없게 되자, 배설은 식량 창고를 불태웠다. 이른바 청야작전이었다. 청야작전은 후퇴하면서 식량이나 무기를 남기지 않고 모두 불태워 적이 이용하지 못하게 하는 것이었다.

배설은 한산도를 떠나 전라도로 향했다.

그 무렵 이순신은 무밭에서 일을 하고 있었다.

"이 공公, 큰일 났소이다."

> **배설**
> 조선 선조 때의 수군 대장. 원균 밑에서 출정하여 겁을 먹고 도망하였다. 그러나 이순신이 삼도 수군통제사로 재임명되어 불러들였으나 또다시 도망을 쳐 훗날 잡혀 죽음을 당하였다.

> **공**
> (주로 남자의 성이나 성명 뒤에 쓰여)그 사람을 높여 부르는 말.

권율이 무밭으로 다가오며 이순신에게 말했다.

"무슨 일이십니까?"

"원균이 이끄는 조선 수군이 칠전량에서 대패했답니다."

"예에?"

이순신은 가슴이 덜컥 내려앉았다. 자신이 8년 동안 애써서 닦아놓은 조선 수군인데, 하루아침에 무너지다니……. 이순신과 권율은 할 말을 잃고 서로를 바라보았다. 그러다가 먼저 침묵을 깬 것은 이순신이었다.

"장군, 저에게 남해 바다를 둘러볼 수 있도록 허락해 주시겠습니까? 바다를 둘러본 후에 대비책을 세워보지요."

이순신의 말에 권율의 얼굴이 금세 환해졌다.

"그러시오. 그럼 혼자만 가시지 말고 공을 호위할 병사 몇을 데리고 가시오."

권율의 허가를 얻은 이순신은 남해 바다로 나갔다. 아무리 둘러보아도 조선 수군의 모습은 보이지 않았다. 백성들도 피난을 갔는지 적막하기만 했다.

해변에는 파도에 떠밀려온 조선 수군들의 시체가 나뒹굴고 있었다. 이순신은 원망스러운 눈길로 바다를 바라보았다.

"장군, 이를 어찌해야 합니까?"

이순신은 깜짝 놀라 뒤를 돌아보았다. 바로 자신이 데리고 있던 송희립宋希立과 이후득이었다. 그들은 이순신이 바다를 둘러본다는 소문에 이순신을 뒤따랐던 것이다. 이순신은 칠전량에서 조선

송희립
조선 선조 때의 무신. 자는 신중(信中). 이순신 밑에서 종군하였으며, 1598년에 노량 싸움에서 명나라의 도독 진인(陳璘)을 구출하였다. 뒤에 전라좌도 수군절도사를 지냈다.

수군이 왜군에게 패배한 상황을 상세하게 들었다.

"원균 통제사는 우왕좌왕하다가 도망쳤으며, 배설 우수사는 처음부터 싸울 생각 없이 있다가 도망을 쳤습니다. 한산도로 도망갔다가 식량 창고와 무기고를 불태운 뒤에 어디로 갔는지 알 수 없습니다. 오직 이억기 우수사 나으리만 왜놈들을 맞아 끝까지 싸우시다가 왜놈들의 칼에 그만 전사했습니다……."

이순신의 손이 부르르 떨렸다. 두 장수와 더불어 남해안을 둘러본 이순신은 권율에게로 갔다.

"이 공, 어서 오시오. 그래, 희망은 있소?"

"전라도 해안에는 아직 왜군의 모습이 보이지 않습니다."

"전라도까지 아직 왜군의 손이 미치지 않은 것은 다행이구려."

두 사람은 전라도 바다까지 왜군이 차지해서는 안 된다는 공통된 생각을 하고 있었다. 만약 전라도 바다까지 왜군이 차지한다면 왜군들은 식량과 무기 등 보급물자를 남해와 서해를 거쳐 한성으로 가져가 조선을 위협할 것이기 때문이었다.

"돌아보고 난 소감은 어떠하오?"

"우선 병사가 부족합니다. 배 1척당 190명의 병사가 필요한데, 지금 병사들은 배 1척당 90명 정도입니다. 그리고 군량미도 절대적으로 부족합니다. 그나마 살아 있는 병사들마저 굶주리고 있습니다. 또 다른 문제는 화약입니다. 배에 있는 천자, 지자, 현자포를 쏘자면 많은 화약이 필요한데 화약이 없습니다."

권율은 이순신의 말을 듣고 깊은 한숨을 쉬었다. 그러나 이순신은 자신감 있게 말했다.

"군사를 모으고 배를 찾아 고친다면 왜군을 막을 수도 있을 것입니다."

이때 밖에서 이순신을 찾는 소리가 들렸다.

"이순신은 나와서 어명을 받으시오."

권율과 이순신은 깜짝 놀라 문을 박차고 나왔다. 한성에서 선전관宣傳官이 나와 있었다. 이순신은 선전관 앞으로 나아가 무릎을 꿇고 앉았다.

> **선전관**
> 조선시대 때 선전관청에 속한 무관 벼슬. 또는 그 벼슬아치. 품계는 정3품부터 종9품까지 있었다.

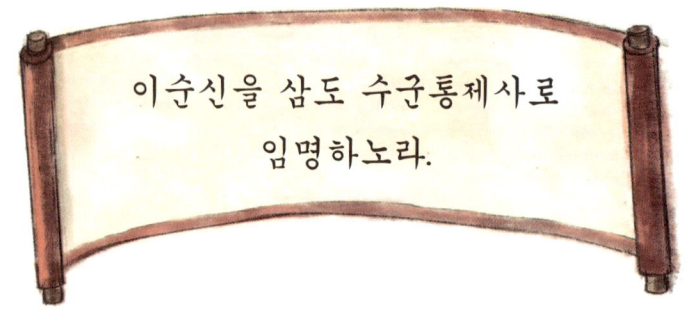

조정에서는 칠전량해전에서 조선이 패배한 지 6일 만인 1597년 7월 22일에야 소식을 들었다. 임금의 명령으로 칠전량해전을 끝까지 지켜본 선전관 김식이 기적적으로 살아남아 한성으로 돌아갔던 것이다. 김식은 원균이 이끄는 조선 수군이 왜군에게 패배한 과정을 자세히 보고했다.

선조는 급히 관리들을 모아 회의를 열고 대책을 의논해 보았으나 이미 조선 수군이 모두 무너진 상태인지라 뾰족한 방법이 없었다. 선조는 다시 이순신을 삼도 수군통제사로 임명하여 조선왕조를 구해주기를 기대했다. 사실 이순신은 삼년상 중이었고, 백의종군하는 처지라 삼도 수군통제사로 임명할 수 없었지만, 나라의 형편이 법과 예의를 따지지 못할 정도로 위급한 상황이었던 것이다.

선전관이 어명을 다 읽자 이순신은 북쪽을 향해 절을 했다.

"이 공, 축하하오."

"그동안 장군께 많은 신세를 졌습니다."

"신세라니요? 이제 앞으로 주상전하와 이 나라를 위해 우리 함께 힘을 합쳐야 되지 않겠소?"

권율은 이순신의 손을 잡으며 말했다. 이순신도 힘주어 권율의 손을 맞잡았다.

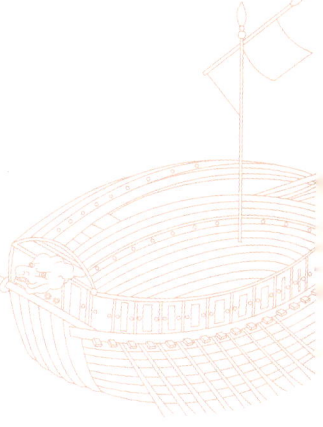

| 조선시대 이야기 | 10

조선시대에 이미 암구호暗口號를 사용했다면서요?

　암구호는 아군인지 적군인지를 구분할 수 없는 야간에 문답식으로 아군 사이에 미리 정해놓은 비밀 단어를 말합니다.

　아군이 다가오는 상대방에게 묻는 것을 '수하誰何'라고 하며, 문어問語를 사용합니다. 아군의 물음에 상대방은 응답어로 답해야 합니다. 그렇지 않을 경우에는 적군으로 판단하여 바로 공격을 하였으니까요.

　예를 들면 그날의 암구호가 '일출'과 '일몰'일 경우 수하자가 '일출'이라고 묻고, 상대가 '일몰'이라고 대답하면 아군이고, 그렇지 않으면 적군으로 판단하는 식으로 사용되었습니다.

　특히 삼국시대처럼 같은 언어를 사용하는 국가 간의 전쟁에서는 암구호가 매우 중요한 역할을 하였습니다. 암구호는 간단명료하게 주어지는 게 특징입니다.

　조선시대에는 병조에서 암구호가 정해져 각 도에 있는 수영과 병영으로 전해졌다고 합니다.

수하 어두워서 상대편의 정체를 식별하기 어려울 때 경계하는 자세로 상대편의 정체나 아군끼리 약속한 암호를 확인함. 또는 그런 일을 말함.
문어 암구호(暗口號) 따위에서, 상대편이 적인지 아군인지 확인하기 위하여 묻도록 되어 있는 약속된 말.

조선시대 청화백자 운문삼층합

임진왜란 때에도 군의관이 있었나요?

　조선시대에는 궁중에서 의약에 관한 일을 맡아보던 관청인 전의감과 의약과 일반 서민에 대한 치료를 맡아보던 혜민서가 있었습니다.
　이곳에 소속된 관리 중 '심약'이 있었습니다. 평소에는 궁중에 바치는 약재를 조사하기 위하여 8도에 파견되는 종9품의 벼슬아치인데, 전쟁이 일어나면 각 군에 소속이 되어 부상당한 군인의 치료를 담당했습니다. 이들은 비상약으로 소화제, 대자석, 악회, 자연동, 연화 등을 소지하고 다니며 치료해 주었습니다. 심약은 구한말에 조호장으로 계승되는데 군대와 육군 위생원에 소속되어 군인들의 질병 치료를 담당했습니다.

대자석 갑옷에 물을 들이거나 부상 부위를 치료하는 약.
악회 부상 부위를 치료하는 약.
자연동 뼈가 부러졌을 때 가루를 물에 타 복용하는 약.
연화 화상이나 총상을 치료하는 약.

11. 신에게는 12척의 배가 있사옵니다

이순신은 진주를 떠나 순천으로 향했다. 순천의 낙안 마을에 이르자 백성들이 몰려나왔다.

"이제 나으리께서 오셨으니 안심이 됩니다."

"마을이 어찌 이렇게 되었습니까?"

"병마사가 적이 쳐들어온다고 겁을 먹고 창고에 불을 지르고 도망갔습니다. 우리들도 믿을 사람이 없어 이렇게 떠돌이가 되었습니다."

백성들은 이순신을 보자 눈물을 흘리며 말했다.

"너무 걱정하지 마십시오. 반드시 왜놈들을 쫓아내겠습니다."

낙안 마을의 관아와 창고는 텅 비어 있었고, 그나마 불에 타 재와 뼈대만 앙상하게 남아 있는 곳이 대부분이었다. 가는 곳마다 백

성들은 이순신을 반기며 맞아 주었다.

"나으리가 계실 때 우리 마을은 평화로웠습니다. 언제 왜놈들이 들어올지 알 수 없는 때에 나으리가 오신다는 말을 듣고 이렇게 찾아왔습니다."

"저를 군사로 받아주십시오."

한 소년이 이순신에게 말했다.

"넌 너무 어려서 전장터에 나갈 수 없다. 지금은 공부하는데 힘쓰고, 훗날 보자꾸나."

그러나 소년은 이순신의 바지춤을 잡았다.

"나으리, 저의 아버지와 어머니는 전쟁통에 모두 돌아가셨습니다. 저는 이제 갈 곳도 없습니다."

소년은 눈물을 흘리며 애원하였다. 이순신은 소년의 손을 잡고 타일렀다.

"전쟁터는 무서운 곳이다. 이곳에 어른들이 많이 계시니 너를 돌보아 주실 게다."

이순신은 마을의 연장자年長者를 찾아 소년을 부탁한 후 마을을 떠났다.

칠전량에서 왜군에게 패배한 조선 수군은 병사와 무기를 재정비하지 못한 상태였으므로 시간이 필요했다. 더구나 경상도에는 이미 많은 왜군들이 상륙해 있었으므로 되도록 멀리 떨어진 곳에 통제영統制營을 만들어야만 했다. 그래서 순천을 떠나 보성을 거쳐 진도의 벽파진에 이르렀던 것이다. 때는 1597년 8월 29일이었다.

바지춤
입은 바지의 허리 부분을 접어 여민 사이를 말함.

연장자
나이가 많은 사람.

통제영
조선 선조 26년(1593년)에 이순신이 삼도 수군통제사가 되어 한산도에 설치한 군영. 뒤에 거제현과 고성현 등으로 옮겼다가 고종 32년(1895년)에 없앴다.

이순신은 이곳이 왜군과 맞설 수 있는 가장 좋은 곳이라고 생각하였다.

'이곳은 해남이 바라다보이며, 해안이 복잡하여 배를 숨기기에 아주 좋아. 이곳에서 다시 한번 왜군과 싸우는 거다.'

그리하여 송희립과 이후득, 이기남에게 바닷가를 돌면서 배와 젊은이들을 모으게 하였다.

이순신이 벽파진을 둘러보고 있는데 한 병사가 다가왔다.

"장군, 경상우수사 배설이 회령포에 있다고 합니다."

"회령포에? 그럼 어서 이곳으로 오라고 하라."

이순신의 명령을 받은 병사가 회령포로 갔다. 그러나 배설은 아프다는 핑계를 대고 오지 않았다.

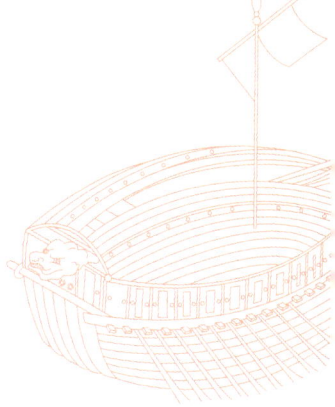

'역시 두려운 모양이구나. 그래도 그에게 한 번 더 기회를 주어야겠지.'

이순신은 다시 배설에게 병사를 보냈다. 그러자 며칠 후 배설이 왔다.

"몸이 아프다더니 어떻소?"

"염려해 주신 덕분에 많이 나았습니다."

"이제 조선의 바다를 지킬 사람은 나와 배 수사뿐이오. 우리가 힘을 합쳐 왜놈들을 물리칩시다."

이순신의 말에는 배설의 잘못을 용서해 준다는 뜻이 담겨 있었다. 배설의 얼굴이 금세 환해졌다.

"장군께서 그렇게 생각해 주시니 송구할 따름입니다. 왜놈들과 싸우겠습니다만, 그놈들의 숫자가 워낙 많아서……."

배설은 여전히 자신이 없는 듯하였다. 그러자 이순신은 버럭 소리를 쳤다.

"그럼 이번에도 도망칠 생각이오?"

배설은 아무 말도 하지 못하고 고개를 숙였다.

이순신은 병사들을 모으고 배설이 가져온 배들을 수리하였다.

"장군, 왜군 배가 나타났습니다."

왜군 배들이 조선 수군의 움직임을 알아보기 위해 정찰偵察을 나섰던 것이다.

> **정찰**
> 작전에 필요한 자료를 얻으려고 적의 정세나 지형을 살피는 일을 말함.

"가급적 넓게 배를 펼쳐 보여라. 그리고 쉽게 왜군 배에 가까이 가지 마라."

이순신은 명령을 내린 후에 벽파진의 모든 부녀자들을 모이라고 명하였다.

"장군, 전쟁 중에 부녀자들은 왜 모으십니까?"

송희립이 이상하다며 이순신을 바라보았다.

"우리 병사의 수가 너무 적지 않소. 밤이면 부녀자인지 병사인지 왜놈들이 알지 못할 것이 아니오. 부녀자들을 모이게 하여 달빛에 움직이게 하려는 것이오."

"우리 병사가 많은 것처럼 보이게 하자는 것이군요."

"그렇소."

이순신의 마음을 안 송희립이 부녀자들을 벽파진으로 모았다. 이순신은 부녀자들을 향해 말했다.

"지금 우리는 매우 어려운 처지입니다. 여러분들이 우리를 도와주면 왜군을 물리치는데 큰 힘이 될 것입니다. 달이 뜨면 바닷가에서 큰 원을 돌면서 춤을 추었으면 합니다."

"춤이라니요?"

의아하다는 듯이 부녀자들이 되물었다.

"지금 우리는 왜군에 비해 숫자가 너무 적습니다. 잘못하다가는 왜군들이 우리를 얕볼 수가 있습니다. 왜군들에게 병사들이 많다는 것을 보여 주기 위해서입니다. 어떻습니까, 제 말씀대로 움직여 줄 수 있습니까?"

"그럼요. 얼마든지 할 수 있습니다."

"그러잖아도 우리가 도울 수 있는 게 없을까 하여 궁리를 하던 참이었습니다."

이순신의 말에 부녀자들은 작은 힘이나마 나라에 도움이 된다는 사실에 기쁨을 감추지 못했다.

바다 위로 둥근 달이 훤하게 떠올랐다. 부녀자들은 왜군들이 잘 보이는 바닷가로 나아갔다. 그들은 손에 손을 잡고 원을 그리며 돌았다. 노래도 이어졌다.

강강-술-래 강강-술-래
전라도 우수영은
강강-술-래
우리 장군- 대첩-지라

강강-술-래
장군의 높은 공은
강강-술-래
천추만대- 빛날-세라
강강-술-래

이순신도 바닷가로 나와 부녀자들이 원을 그리며 춤을 추는 모습을 지켜보았다.
"왜놈들이 속을지 모르겠습니다."
"그거야 다 하늘의 뜻이 아니겠소?"
이순신은 부녀자들의 노래를 귀 기울여 들었다.
"강강술래라? 무슨 뜻이오?"
송희립은 낮에 부녀자들에게 들었던 이야기를 이순신에게 했다.
"강강은 원을 그린다는 뜻이라고 합니다. 그리고 술래는 왜적이 쳐들어오는 것을 부녀자들이 감시한다는 뜻으로 순라巡邏를 바꾼 말이라고 합니다."
"그것 참 기발한 생각이로군."
부녀자들이 왜군의 침입을 미리 알아내어 조선 수군에게 알려준다는 말에 이순신은 답답했던 마음이 뻥 뚫리는 것 같았다. 바로 그때였다.
"장군, 큰일 났습니다."
"무슨 일이냐?"

순라
순라군이 도둑이나 화재 따위의 화를 경계하느라고 도성 안을 돌아다니던 일.

군졸은 머뭇거렸다.

"무슨 일이라고 하지 않느냐?"

이순신의 고함에 군졸은 더듬거리며 말했다.

"배설 나으리가 도망을……."

"뭐라고, 배설이 도망을 쳤다고?"

이순신은 기가 막혔다.

"칠전량해전에서 도망친 것으로도 죽음을 당할 처지거늘, 목숨을 살려 주고 기회를 주었건만 또다시 도망을 쳐? 이놈, 어디 잡히기만 해봐라!"

이순신은 곧 동헌으로 와서 도원수 권율에게 편지를 썼다.

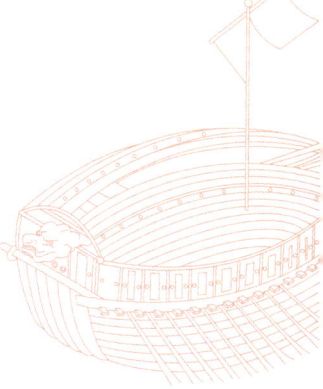

도원수께,

경상우수사인 배설이 지난 칠전량해전에서도 도망을 쳤으나 기회를 한 번 더 주고자 살려두었습니다. 그런데 이번에 다시 도망을 쳐 병사들의 사기를 떨어뜨린 죄가 크니 꼭 잡아 죄를 물어주시기 바랍니다.

―이순신

이순신의 편지를 받은 도원수 권율은 배설의 고향인 상주로 사람을 보냈으나 잡지 못하였다. 그 후 배설은 임진왜란이 끝난 후에 잡혀 죽음을 당했다.

배설에 대한 배신감에 잠을 이루지 못하는 이순신에게 임금이 글을 보내왔다.

통제사,
왜군의 배는 수천 척에 이른다고 하는데, 우리 수군의 배는 겨우 12척이지 않소.
우리의 군사력으로 왜군을 맞아 싸운다고 하는 것은 죽음으로 뛰어드는 것과 같소.
차라리 육지로 나와 왜군과 싸우는 것이 좋지 않겠소.

선조의 글을 받은 이순신은 답장을 썼다.

전하,
신에게는 아직 12척의 배가 있사옵니다.
죽기를 각오하고 싸우면 왜군을 능히 물리칠 수 있을 것입니다.
신이 바다를 지켜야만 왜군이 서해안을 거쳐 한성으로 가지 못할 것이옵니다.
더구나 신이 살아 있다는 것만으로도 왜군들은 우리를 얕보지 못할 것입니다.
―이순신

이순신은 이미 죽기를 각오한 몸이었다. 그러나 부딪쳐보지도 않고 미리 포기할 생각은 조금도 없었다. 그래서 바닷가를 둘러보며 왜군을 맞아 유리하게 싸울 곳을 찾아보았다. 울돌목에 이르렀을 때 이순신은 발을 멈추었다. 울돌목은 오늘날 진도와 화원반도 사이의 바다를 가리킨다. 바다의 폭이 매우 좁아 썰물 때에는 물이 빠지면서 물살이 빨라 물이 운다고 하여 명량鳴梁으로 불리는 곳이었다.

'이곳은 서해안으로 가는 길목이야. 왜군도 서해안으로 진출해야만 한성으로 갈 수가 있겠지. 이곳이 왜군과의 격전지가 되겠군.'

이순신은 동헌으로 돌아와 백성들을 불러모았다.

"이제 곧 왜군들과 큰 싸움이 있을 것입니다. 여러분들이 도와주셔야 할 일은 고깃배를 전선戰船로 위장하는 것입니다. 그렇다고 여러분이 왜군을 맞아 직접 싸우라는 것이 아닙니다. 왜군과 우리 수군이 전쟁을 하면 수군 뒤에서 배가 많다는 것만 보여 주면 됩니다."

"그러다가 왜놈들의 총이라도 맞으면 어떡합니까?"

"앞에 우리 수군이 있으니 그런 걱정은 조금도 할 필요가 없습니다."

이순신의 말에 안심이 되는지, 백성들은 고개를 끄덕였다. 이어서 이순신은 병사들을 불렀다.

"지금부터 내 말을 잘 들어라. 왜군이 두려운 사람은 지금 떠나라. 지금 떠나지 않고 전쟁 중에 도망을 치면 죽음을 면하지 못할 것이다."

이순신의 말이 끝나자마자 젊은 병사가 일어섰다.

명량
전라남도 해남군 화원 반도와 진도 사이에 있는 좁은 해협.

전선
전투용으로 쓰는 배.

"장군, 떠나라는 말씀은 거두어 주십시오. 우리는 그렇게 용기 없는 겁쟁이가 아닙니다. 우리도 나라를 위하여, 그리고 장군을 위하여 무엇인가를 할 수가 있습니다."

젊은 병사의 말에 이순신은 든든한 응원군을 얻은 듯하였다.

"그래, 너희들의 뜻을 잘 알았도다. 죽고자 하면 살고, 살고자 하면 죽을 것이다. 죽을 결심을 하고 싸우면 능히 백 사람도 당해낼 수 있다. 모두 용기를 가지고 왜놈들을 물리쳐 우리 가족과 이 나라를 지키자."

이순신의 말에 병사들은 손을 들어 환호하였다.

이때 왜군의 움직임을 살피러 갔던 척후병이 돌아왔다.

"장군, 200여 척의 배가 서쪽으로 이동 중입니다."

척후병의 말이 끝나자, 이순신은 병사들에게 명령하여 전투 준비를 시켰다.

"가볍게 움직이지 마라! 내 명령이 있을 때까지는 적을 공격하지 마라!"

앞에는 대장선인 이순신이 탄 판옥선을 비롯하여 12척의 배가, 뒤에는 전선으로 위장한 고깃배가 뒤따랐다.

울돌목에 이르니 수를 셀 수 없을 정도의 왜군 배들이 나타났다. 이순신은 수적으로 적은 조선 수군으로 왜군 배를 당해낼 수 있을까 걱정스러웠다. 하지만 부하들 앞에서 약한 모습을 보일 수는 없었다. 왜군 배들은 조선 수군을 포위하며 가까이 왔다.

이순신은 그 순간을 기다렸다가 공격 명령을 내렸다.

"일자진一字陣을 형성하라!"

이순신의 명령에 따라 조선 수군은 길게 늘어서며 배를 넓게 펼치게 하였다. 그러나 왜군 배의 위세에 눌린 조선 수군들은 선뜻 앞으로 나서려 하지 않았다.

"천자포를 발사하라!"

이순신의 명령이 떨어지자 천자포가 발사되었다. 갑작스런 조선 수군의 공격에 왜군 배는 순식간에 불길이 솟으면서 바닷물 속으로 가라앉았다. 사기가 오른 조선 수군들이 활을 쏘아댔다.

그러나 거제 현령 안위는 멀리 뒤에서 싸우는 모습만 구경하고 있었다. 이순신은 화가 머리끝까지 차올랐다. 그리하여 깃발을 높이 들어 안위의 배를 대장선 가까이로 오게 하였다.

"죽음을 면하고 싶거든 어서 진격하라!"

이순신의 명령에 그제야 정신이 든 안위는 쏜살같이 돌진하여 왜군 배를 박살냈다. 이순신은 또다시 미조항 첨사 김응함을 불렀다.

"너는 중군장으로서 멀리 피하려고만 하고 대장을 구하지 않으니, 그 죄를 어찌 면할 것이냐? 당장 처형할 것이로되, 왜군의 공격을 막는 것이 급하므로 우선 공을 세우게 하겠다."

이순신의 말을 들은 김응함은 곧장 왜군 배를 향해 나아갔다.

이때 왜군 배들이 안위의 배를 포위하였다. 안위와 병사들은 손이 부르트도록 활시위를 당겼다. 그러나 왜군 배들의 포위를 벗어나기에는 중과부적衆寡不敵이었다. 이를 지켜본 이순신은 대장선을 이끌고 포를 쏘며 왜군 배의 포위망을 뚫고 안위의 배를 구했다.

중과부적
적은 수효로 많은 수효를 대적하지 못함을 이르는 말.

그러자 조선 수군의 사기는 크게 올랐다.

준사가 이순신에게 말했다. 준사는 안골포 싸움에서 포로가 된 왜인이었다.

"저기 무늬 있는 붉은 비단옷을 입은 사람이 왜군대장 마다시입니다."

이순신은 김돌손으로 하여금 갈고리로 마다시를 배 위로 끌어올리게 하여 나무에 높이 매달았다. 이를 지켜본 왜군들은 당황하며 뱃머리를 돌리기 시작했다.

이순신은 북을 두드리며 소리쳤다.

"적들을 포위하라. 한 놈도 살려 보내선 안 된다!"

이 싸움에서 조선 수군은 왜적선 31척을 쳐부수었다.

"그만 돌아가자. 우리 배의 수가 적기 때문에 울돌목을 벗어나면 위험할 수도 있다."

한참 적을 뒤쫓던 이순신이 병사들에게 명령했다. 고작 12척의 배로 수백 척의 왜군 배를 맞아 31척을 무찌른 것은 대단한 승리였다. 울돌목 싸움, 곧 명량해전은 기적과도 같은 싸움이었다. 자칫 승리감에 빠져서 적을 뒤쫓다보면 도리어 적의 흉계에 넘어갈 수도 있었다. 그래서 군사를 돌려 벽파진 포구로 돌아가기로 마음먹은 것이었다.

이 싸움의 승리로 조선군은 다시 칠전량해전의 패배로 빼앗겼던 바다에서의 지배권을 되찾게 되었다.

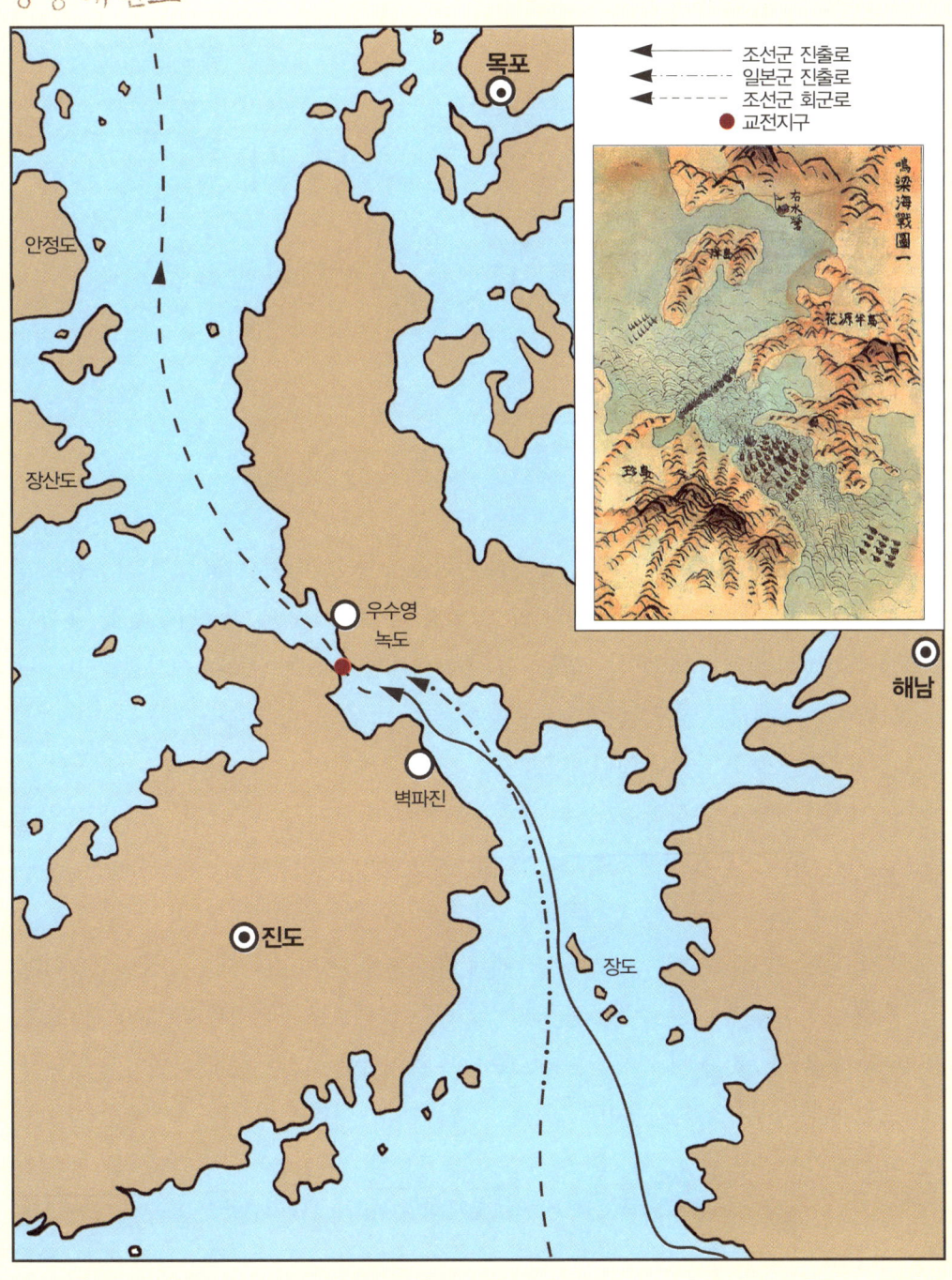

명량해전도

| 조선시대 이야기 | 11

고춧가루가 일본이 우리나라를 공격하기 위한 무기였다고요?

1980년대 말 데모가 일어나는 곳이면 어김없이 등장했던 것이 최루가스입니다. 우리가 가장 쉽게 접하는 화학무기라 할 수 있지요. 그리고 한때 민방위 훈련을 할 때에는 화생방전이라 하여 화학·생물·방사능에 대한 훈련을 반드시 실시했답니다. 생물학전에 대해서는 악명 높은 '731부대'에 관한 소설인 〈마루타〉를 비롯한 이야기를 통하여 많이 보고 들었을 것입니다.

그러나 옛날에도 화학무기를 사용했다고 한다면 고개를 갸웃거릴 사람이 많을 것입니다. 옛날의 무기 중에 화학무기로 일컬을 만한 것은 서양에서는 후춧가루이고, 동양에서는 고춧가루와 잿가루입니다.

육식(肉食)을 주로 하는 서양 사람들에게 후추는 항상 지녀야 하는 식품이었습니다. 후추는 찬 기운을 없애 주는, 신통하게 잘 듣는 약으로도 쓰였답니다. 로마 병사들은 추운 몸을 따뜻하게 하고자 후춧가루를 넣은 주머니를 허리에 차고 다녔다고 합니다. 또한 후추는 무기로도 사용이 되었습니다. 로마의 도미티언 황제는 로마의 성 안 요소요소에 후춧가루 저장소를 만들어 두고 있었습니다. 이는 성이 포위되어 위기를 당하면 살포기(撒布機)로 후춧가루를 뿌리거나 태움으로써 매운 연기로 적을 물리치기 위함이었다고 합니다.

동양의 화학무기인 고춧가루도 그 용도가 후추와 동일하다고 할 수 있습니다.

우리나라는 겨울철에 몹시 춥습니다. 추운 겨울날 먼 길을 떠날 때에 버선 틈에 넣어 발을 따뜻하게 하였으며, 소주에 고춧가루를 타 마시면 감기를 떼는 약이 되기도 하였다고 전해집니다. 원산지가 중남미인 고추가 포르투갈 상인에 의하여 일본에 전래되었고, 임진왜란 때 왜적이 화학무기로 사용하여 우리나라에 전래된 듯합니다.

실학자 이규경李圭景에 의하면 '전진(戰陣 : 전쟁터)에서 고추를 태운 매운 연기를 날려 눈을 뜨지 못하게 해 놓고 진격을 하거나 기습 작전의 일환으로 고춧가루를 얼굴에 뿌리기도 했다.' 는 사실로 고춧가루가 화학무기로 사용되었음을 알 수 있습니다.

고춧가루와 더불어 우리나라에서 화학무기로 사용된 것은 잿가루입니다. 전쟁시 이것을 적의 얼굴에 뿌려 눈을 뜨지 못하게 했던 것입니다. 권율權慄 장군이 행주산성에서 적을 맞아 싸울 때 화살 등 무기가 떨어져 전세가 어려워지자, 최후의 무기로 잿가루를 뿌렸다는 이야기가 전해 내려옵니다.

최루가스 눈물샘을 자극하여 눈물을 흘리게 하는 독가스로 클로로피크린 등이 있다.
잿가루 불에 타고 남는 가루의 물질.
살포기 가루나 액체 따위를 흩어 뿌리는 데 쓰는 기구.
이규경 조선 후기의 실학자(1788~?). 자는 백규(伯揆). 호는 오주(五洲)·소운거사(嘯雲居士). 평생 벼슬을 하지 않고 조부(祖父) 덕무(德懋)가 이룩한 실학을 계승하여 이를 집대성하였다. 저서에 《오주연문장전산고》 등이 있다.
권율 조선 선조 때의 명장, 도원수(1537~1599년). 자는 언신(彦愼). 호는 만취당(晩翠堂)·모악(暮嶽). 본관은 안동(安東). 1665년 문과에 급제, 판서와 대제학 등을 지냈다. 임진왜란 때 우리나라의 군대를 총지휘하였으며, 행주대첩 등에서 크게 이겼다. 훗날 영의정에 추증되었다.

12. 죽음을 알리지 마라

　서해로 진출하려던 왜군은 조선 수군을 두려워하여 순천에 머물렀다. 이따금 척후선을 보내어 조선 수군의 움직임을 알아보려고 하였다.

　이순신은 벽파진의 물살이 빨라 병사들과 배를 정박하는데 어려움이 있자, 10월 29일에 고하도로 수영을 옮겼다. 고하도는 주위가 산으로 둘러싸여 있어 외적이 가까이 오는 것을 잘 볼 수가 있었다. 또한 포구가 깊숙하여 서풍을 막을 수가 있고, 배를 감추기에도 안성맞춤이었다.

　이순신은 왜군과의 전투가 없는 동안에는 병사들을 훈련시키는 일에 온 힘을 쏟았다. 임진란 때 뽑았던 수군들의 대부분은 칠전량 해전에서 거의 전사하였고, 곳곳에서 수군이 되겠다고 자원自願한 병사들이었기 때문에 기초교육부터 시켜야 했다. 노 젓는 방법, 활

> **자원**
> 어떤 일을 함에 있어 누구의 강요가 아닌 자기 스스로 하고자 하여 나섬.

쏘는 방법, 총포를 다루는 방법 등 하나에서 열까지 엄격하게 교육해야만 했다.

훈련이 끝나면 병사들을 산으로 보내 배 만들 나무를 베어오게 했다. 병사들은 몸은 피곤하였지만 조금도 불평하지 않았다. 그런 병사들이 대견하고 고마워 이순신은 휴식 시간이면 일일이 병사들을 다독였다.

그러던 어느 날이었다. 그날도 이순신은 병사들의 노고를 치하하고, 가족과 나라를 위해 조금만 더 고생하자고 병사들을 위로한 뒤 방으로 들어와 잠이 들었다. 꿈속에서 이순신은 말을 타고 있었다. 그런데 말의 걸음걸이가 불안하게 느껴졌다. 이미 말은 냇물로 발을 들여놓은 상태였기 때문에 말에서 내릴 수도 없었다. 어쩔 수 없이 그대로 냇물을 건너갔다. 그런데 말이 발을 헛디뎌 냇물 한가운데에서 말과 함께 쓰러졌다. 물 속에서 허우적거리고 있는데 누군가 그에게 손을 내밀었다. 손을 잡고 얼굴을 들어보니 셋째 아들 면이었다.

"면아! 면아! 면아!"

아들 면의 이름을 부르다가 이순신은 깨어났다. 온몸이 식은땀으로 젖어 축축했다. 온종일 기분이 언짢고, 일손도 잡히지 않았다. 저녁을 먹는 둥 마는 둥 하고 방으로 들어가 수심愁心에 잠겨 있는데 밖에서 인기척이 났다.

수심
매우 근심함. 또는 그러한 마음.

"나으리, 아산에서 사람이 왔습니다."

아산이라는 말에 이순신은 문을 박차고 나왔다. 아산 집에서 온 하인이었다. 하인은 이순신을 보자 눈물을 흘리며 편지를 건네주었다. 편지를 받는 손이 사시나무처럼 떨렸다. 둘째 아들 열의 편지였다.

통곡痛哭

두 글자가 씌어 있어 아들 면이 세상을 떠났음을 알았다. 이순신은 오열嗚咽했다. 주위의 부하 장수들도 눈물을 감추지 못했다. 잠시 후 주변이 숙연해지자 하인은 면이 죽을 때의 상황을 설명했다.

> **오열**
> 목 놓아 욺. 또는 그러한 울음.

왜군대장 가토 기요마사는 이순신에 의해 서해 뱃길이 막히자 한 가지 계책計策을 꾸몄다.
"아산에 이순신의 가족이 살고 있다고 들었다. 그들을 인질로 삼아 이순신을 꼼짝 못하게 하는 방법밖에 없다."
가토 기요마사는 곧 왜군을 아산으로 보냈다. 왜군이 온다는 소식을 들은 면은 가족들을 모두 산으로 피난시키고 집을 지켰다.
'사나이로 태어나 어찌 조상님들의 사당을 버리고 간단 말이냐? 있을 수 없는 일이다!'
면은 특히 영리하고 용맹스러운 아들이었다.
얼마 후 왜군들이 들이닥쳐 면을 협박했다.
"싸우지 말고 순순히 우리와 함께 가면 목숨만은 살려 주겠다."
면은 단호하게 거절한 뒤 칼을 빼들었다.

"왜 내가 너희 왜놈들과 함께 간단 말이냐? 너희들에게 이용당하고 싶지 않다."

면은 말을 마친 뒤 번개처럼 달려들어 단숨에 왜군 한 명을 해치웠다. 그러자 왜군들이 면을 포위하였다. 면은 온 힘을 다하여 왜군과 맞서 싸웠다. 한 명, 또 한 명……, 면의 칼날에 왜군들은 땅바닥으로 쓰러졌다.

하지만 혼자 십여 명의 왜군을 맞아 싸우기에는 무리였다. 면은 뒷걸음질치다가 돌부리에 걸려 넘어지면서 칼을 떨어뜨렸다. 기회를 잡은 왜군들이 한꺼번에 면에게 덤벼들었다. 면은 곧 땅바닥으로 쓰러졌다.

하인의 얘기를 듣는 이순신의 눈가에 다시 이슬이 맺혔다. 이순신은 이날의 슬픔을 일기日記에 이렇게 적었다.

네가 죽고 내가 살다니
무슨 이런 일이 있느냐?
천지天地가 어둡고
백일白日이 빛을 잃는구나.
아! 슬프다.
내 작은 아들이여,
나를 버리고
너는 어디를 갔느냐?

일기→난중일기(亂中日記)
임진왜란 때 충무공 이순신이 진중(陣中)에서 쓴 일기를 말함. 임진왜란이 일어난 1592년부터 끝난 1598년까지의 일을 간결하고 명료하게 기록하였다. 현재 현충사에 잘 보관되어 있다.

천지
하늘과 땅을 일컫는 말.

백일
구름이 끼지 않아 밝고 환하게 빛나는 해.

결의
뜻을 정하여 굳게 마음을 먹거나 그러한 마음을 일컬음.

진인
명나라의 장군. 1597년 조선 지원군 도독으로 군선 5백 척을 거느리고 와 이순신과 함께 해상을 담당하였음. 처음에는 왜적의 청탁과 뇌물을 받고 조선에 협조적이지 못하다가 이순신의 설복으로 합력하여 조·명 연합군은 노량으로 쳐들어 온 왜선 5백여 척을 섬멸하였다.

면이 왜군들에 의해 죽음을 당했다는 얘기를 들은 이순신은 단 한 명의 왜군도 살려 보낼 수 없다는 마음을 다시 한번 확인한 듯했다. 무기를 준비하고, 배를 만들고, 병사들을 훈련시키면서도 **결의**決意를 다졌다.

해는 바뀌어 1598년 7월, 명나라에서 조선을 돕겠다고 **진인**陳璘이 이끄는 수군 5천여 명이 오기로 되어 있었다. 원래 진인은 성질이 급하고 포악하였다. 이순신의 부하 장수들은 걱정스러운 얼굴로 말했다.

"장군, 진인이란 자의 성격이 별나다고 합니다."

"욕심이 많고 잔인하다고 합니다."

이순신은 웃으면서 말했다.

"걱정하지 마시오. 사람이란 대우하기 나름이 아니겠소? 내가 진인을 진실로 대하면 그 또한 나를 업신여기지는 않을 것이오."

이순신의 말에 부하 장수들은 고개를 끄덕이면서도 걱정을 벗어 버리지는 못했다. 이때 군졸이 이순신을 찾았다.

"장군, 명나라 진인 장군의 배가 보인답니다."

이순신은 얼른 포구로 갔다. 포구에 다다르니 진인이 이끄는 명나라 수군이 도착하였다.

"대인, 어서 오십시오."

이순신은 진인에게 정중하게 허리를 굽혔다.

"통제사의 이름은 들어 알고 있소이다. 그런데 12척밖에 없다는 배가 이렇게 많소이까?"

진인은 조선 수군이 12척의 배만으로 버티는 줄 알고 있었다.

"그동안 병사들과 함께 부지런히 만들었습니다."

"소문대로 대단하시오."

진인은 이순신에 대해 다시 한번 감탄하였다.

저녁이 되자 진인과 명나라 군사들을 위한 잔치가 열렸다. 진인은 극진하게 대접하는 이순신에게 고마움을 표했다.

며칠 후 절이도에 왜군이 나타났다는 척후선의 보고가 들어왔다. 이순신은 진인에게 달려갔다. 조정에서는 조선 수군이 명나라 진인의 명령을 따르도록 명하였기 때문이었다.

"대인, 절이도에 왜군이 나타났다고 합니다."

이순신이 보고하자, 진인은 말했다.

"이번 싸움은 우리 명군이 담당할 것이니 조선 수군은 구경이나 하시오."

진인은 명나라 수군을 이끌고 왜군과 맞섰다. 왜군은 출전한 상대가 조선 수군이 아님을 알고 과감하게 명나라 수군에게 조총을 쏘면서 대치對峙했다. 왜군의 공격이 거세지자 진인은 명나라 수군에게 명령했다.

"후퇴하라!"

명나라 수군이 후퇴하자, 이순신이 명령을 내렸다.

"명나라 수군에게 우리의 모습을 보여 주자. 공격하라!"

이순신의 명령에 따라 조선 수군은 왜군 배를 향해 나아갔다. 1시간도 채 안 되어 6척의 왜군 배를 모두 두 쪽으로 격파하였다. 배

대치
물러서지 않고 서로 맞서서 버팀.

위에 있던 왜군들은 조선 수군의 천자포와 지자포의 공격을 받고 바다 위로 떨어졌다. 왜군들은 허겁지겁 뱃머리를 돌려 순천 쪽으로 도망쳤다.

조선 수군이 단숨에 왜군을 물리치자 진인은 화를 삭이지 못해 씩씩거렸다. 명나라 수군의 뛰어남을 보여 주려다가 왜군에게 쫓겨 자존심이 상했기 때문이었다.

이순신은 그런 진인의 마음을 알고 있었다. 그래서 진인의 배로 갔다.

"대인, 오늘 싸움에서 승리한 것은 모두 명나라 수군과 대인이 잘 이끌어 주신 덕분입니다. 오늘 물 위에서 건진 왜군들을 모두 대인께 바칩니다."

진인은 이순신의 마음 씀씀이에 감탄하여 잠시나마 부끄러운 마음을 가졌던 자신을 반성했다.

1598년 8월 17일, 임진왜란을 일으킨 도요토미 히데요시가 갑자기 죽었다. 도요토미 히데요시는 죽기 전에 다음과 같은 유언을 남겼다.

"내 죽음은 비밀로 하라. 그리고 조선에 나가 있는 군을 모두 돌아오게 하라."

도요토미 히데요시의 유언에 따라 왜군들은 자국自國으로 돌아갈 기회를 노렸다. 그러나 이순신이 바다를 지키고 있는 한 돌아갈 수가 없었다. 그래서 순천에 머물던 고니시 유키나가는 자신들을 공격하기 위해 와있는 명나라 육군대장 유정劉綎을 찾아갔다. 유정

자국
자기 나라.

유정
명나라의 장군. 왜장 고니시의 뇌물을 받고 그들을 왜국으로 돌아갈 수 있도록 길을 터주고자 하였으나 노량에서 왜군이 대패하여 물러나자 그도 명나라로 돌아갔다.

은 이순신이 몇 번에 걸쳐 순천에 있는 왜군을 바다로 쫓아줄 것을 요청했지만 말을 듣지 않던 명나라 장수였다. 유정을 찾는 왜군의 손에는 금을 비롯한 많은 보물이 들려 있었다.

"장군, 우리가 무사히 돌아갈 수 있도록 도와주시오. 지금 조선 수군은 장군의 말을 잘 듣는 것으로 알고 있습니다. 바다를 막고 있는 이순신을 설득해 주시오."

"알겠소."

유정은 곧 진인에게 사람을 보냈다.

"이순신을 설득하여 왜군이 무사히 갈 수 있도록 해주시오. 그럼 장군께 많은 보물과 포로들이 갈 것이오."

진인은 귀가 솔깃해졌다.

"알았소."

진인은 이순신을 찾아 이를 상의했다.

"왜군들이 돌아갈 모양이오. 괜히 그들과 싸워봤자 손해가 아니겠소. 그냥 돌아가게 하는 것이 어떻겠소?"

진인의 말에 이순신은 눈을 부릅뜨고 말했다.

"대인, 절대로 그럴 수는 없습니다. 그들은 우리나라의 원수입니다. 그들 때문에 우리 백성들이 얼마나 많은 고통을 당했는지 아십니까? 도저히 용서할 수 없습니다."

고니시 유키나가는 다른 방법을 찾기로 했다. 조선과 명나라의 수군을 공격하기 위해 노량에 머물고 있는 왜군과 연락을 하는 것이었다. 그러나 이순신이 지키고 있는 바다를 빠져나갈 수가 없었다. 고니시 유키나가는 진인에게 금을 주며 왜군 배 한 척이 노량으로 나갈 수 있게 해달라고 하였다. 진인은 금을 보자 아무 생각 없이 왜군 배를 통과하도록 허락했다.

이 소식을 들은 이순신은 진인에게 불같이 화를 냈다.

"고니시의 생각을 몰라서 허락하였습니까? 대인과 나를 포위하려고 하는 것입니다."

진인은 그제야 자신이 실수한 것을 알았다.

"어떡하면 좋겠소?"

이순신은 곰곰이 생각하다가 말했다.

"우리가 먼저 노량의 왜군을 공격해야지요."

"통제사의 뜻에 따르겠소."

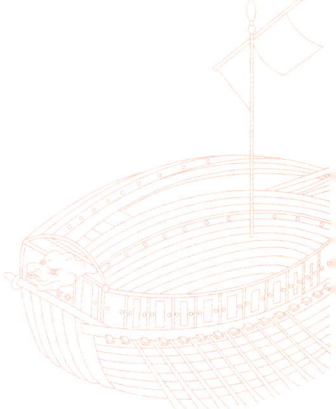

이순신은 부하 장수들을 불렀다.

"여러분, 이제 왜놈들이 마지막으로 이곳을 빠져나갈 것이오. 그들은 필시 자기들이 우세하다고 믿고, 또한 자기 나라로 간다는 기쁨 때문에 맹렬히 덤벼들지도 모르는 일이오. 그러하니 절대 함부로 덤비지 말고 적을 기다렸다가 내 명령을 따라주기 바라오."

"예, 명령을 따르겠습니다."

이순신은 부하 장수들을 각자 지휘하는 배로 돌아가 출항하라고 명령했다.

때는 1598년 11월 18일 밤이었다. 이순신은 고니시 유키나가가 알면 공격을 해올까 봐 3백 척의 조·명 연합군은 비밀리에 노량으로 나아갔다. 이윽고 노량에 이르자 명나라 수군은 곤양 쪽으로,

조선 수군은 남해 쪽으로 움직였다.

"공격하라!"

이순신의 명령에 따라 조선 수군이 선제공격先制攻擊을 하였다. 갑작스런 조선 수군의 공격에 왜군은 당황하였다. 우왕좌왕하면서 조선 수군의 공격을 피하려고 하였다.

천자포와 지자포의 위력 앞에 왜군 배들은 차례로 바닷속으로 가라앉았다. 불화살을 맞은 왜군 배에서는 불길이 솟아올랐다. 빽빽하게 모여 있었던 터라 불길은 금세 다른 배로 옮겨 붙었다. 노량 앞바다는 대낮같이 밝았다. 이순신은 다시 명령을 내렸다.

"왜군이 나갈 수 있게 길을 열어라!"

청천벽력青天霹靂 같은 소리에 조선 수군은 어리둥절하였다. 그렇지만 장군의 명령이므로 따를 수밖에 없었다. 그러나 이순신이 파놓은 함정인 줄도 모르고 왜군들은 좋아라 하며 열린 바닷길로 도망쳤다. 조선 수군이 열어준 뱃길은 관음포로 가는 길이었다. 관음포로 간 왜군은 독 안에 든 쥐 신세였다.

관음포에 갇힌 왜군을 향하여 명나라 장수 등자룡이 나섰다가 적의 총을 맞고 전사하였다. 왜군은 명나라 장수가 죽자 기세를 올리며 덤벼들었다. 곧 진인의 배도 왜군 배에 포위되었다.

"진 대인을 구하라!"

이순신의 명령에 따라 조선 수군이 진인을 에워싸고 있는 왜군 배를 총공격하였다. 이순신도 진인의 배를 구하기 위해 활을 쏘았다. 이순신이 쏜 화살에 맞은 적장은 바다로 고꾸라졌다.

선제공격
상대편을 견제하거나 제압하기 위해 먼저 선수를 쳐서 공격하는 일.

청천벽력
맑게 갠 하늘에서 치는 날벼락이라는 뜻으로, 뜻밖에 일어난 큰 변고나 사건을 비유적으로 이름.

조·명 연합군과 왜군과의 전투는 밤새 계속되었다. 어느덧 동이 트기 시작하였다. 붉은 태양이 바다 위로 머리를 내밀었다. 그 빛과 바다의 핏빛이 어우러져 더욱 처참하였다. 왜군 배는 2백여 척이 부서지거나 바닷 속으로 가라앉았다.

"한 놈도 살려 보내서는 안 된다! 배 한 척도 놓치지 말라!"

이순신은 명령을 내리며 앞장서서 왜군 배를 따라나섰다.

그러던 중 어느 순간 이순신의 몸이 뒤로 쓰러졌다. 왜군의 총알이 이순신의 왼편 가슴에 명중하였던 것이다. 장군의 바로 옆에 있던 조카 완이 얼른 이순신을 부축하였다.

"완아! 어서 북을 울려라. 방패로 나를 가리고 네가 내 자리를 지켜라."

완은 작은아버지이며 통제사인 이순신의 뜻을 곧 알아챘다. 그리하여 얼른 이순신의 투구를 집어 쓰고 명령하였다.

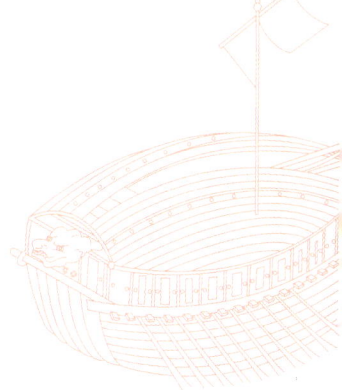

"공격하라! 한 치도 물러서지 마라!"

워낙 이순신의 목소리를 빼닮은 이완인지라 아무도 이순신의 죽음을 알지 못하였다.

이순신의 몸에서 점점 기운이 빠져나갔다.

"싸움이 끝날 때까지 적에게 나의 죽음을 알리지 마라!"

완의 곁에서 함께 싸우고 있던 아들 회는 싸움에 열중하느라 아버지의 죽음을 모르고 있었다. 그러다가 나중에야 알고 이순신을 부축하였다.

"아, 아버지!"

"회야, 진정해라. 만약 내 죽음이 알려지면 우리 병사들의 사기가 떨어질 것이고, 왜놈들의 사기는 오를 것이다. 너도 어서 싸워라. 장수로 태어나 전쟁터에서 죽는다면 그보다 더한 영광이 어디에 있겠느냐. 마지막으로…… 싸움이 어떻게 진행되는지 보고 싶구나."

이순신이 누워 있는 바닥은 피로 붉게 물들어 갔다. 회는 아버지가 전투 광경을 볼 수 있도록 피투성이가 된 상체를 가슴에 안았다. 이순신은 눈을 크게 부릅뜨고 있었다. 회는 아버지가 전투 광경을 계속 지켜보고 있다고 생각했다. 그런데 어느 순간 아버지의 얼굴이 힘없이 옆으로 기울어졌다. 그러나 여전히 눈을 부릅뜬 채였다. 회는 아버지의 눈을 쓸어 내렸다.

전투는 계속되었다. 쫓겨 가는 왜군은 50여 척의 배만 이끌고 본국으로 도망하였다. 결국 이순신의 장렬한 전사는 적선 450척과 왜군 수천 명의 목숨과 바꾼 것이었다. 이것을 '노량대첩'이라고 한다.

명나라의 진인은 전쟁에서 승리하자, 이순신의 대장선으로 달려왔다.

"장군, 어서 나오시오. 우리가 이겼소."

이회는 조용히 진인에게 말했다.

"아버님은 전사하셨습니다."

진인은 하늘이 무너지는 듯하였다. 진인은 배 바닥에 엎드려 세 번 절을 하였다.

"장군, 오늘의 승리를 함께 나누어야 하는데, 이것이 어인 일이란 말이오!"

진인은 부하들이 보든 말든 뱃바닥을 치며 울었다.

이때 송희립을 비롯한 부하 장수들이 이순신의 죽음을 발표하였다. 조선 수군은 도무지 믿을 수 없다는 표정이었다.

"그럴 리가 없어. 우리 장군님이 왜 전사하셔?"

"맞아, 다시 일어나실 거야."

조선 수군은 이순신이 다시 일어날 것으로 믿었다. 그러나 부하 장수들이 무릎을 꿇고 울음을 터뜨리자 수군들도 바닥에 엎드려 통곡하였다.

왜군이 가장 두려워했던 이순신은 마지막으로 쫓기는 왜군을 물리치다가 남해에 그 모습을 뚜렷하게 새기고 54세를 일기一期로 역사 속으로 스러진 것이다.

이순신이 노량해전에서 전사했다는 소식을 전해들은 선조는 나라에서 장례를 치르도록 하였다. 임진왜란이 끝나고 6년 후 권율, 원균과 함께 이순신은 선무 일등공신이 되었다.

1643년(인조 21년)에는 '충무忠武'라는 시호諡號가 주어졌으며, 1793년(정조 17년)에는 영의정으로 추증追贈되었다.

> **일기**
> 한평생 살아 있는 동안.
>
> **추증**
> 나라에 공로가 있는 벼슬아치가 죽은 뒤에 품계를 높여 주던 일.

| 조선시대 이야기 | 12

임진왜란 때 우리나라의 무기가 일본보다 우세했다면서요?

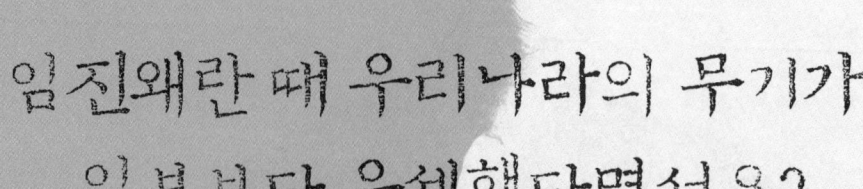

    임진왜란 때 왜군의 신무기는 포르투갈 상인에게서 기술을 전수받은 조총이었습니다. 그러나 조총의 위력은 임진왜란 초기에나 효과가 있었답니다. 조총의 사정거리가 50~80m 정도라는 것을 안 조선군은 적당한 거리를 두고 왜군과 싸웠기 때문입니다.
    그렇다면 조총에 맞서는 조선군의 무기는 무엇이었을까요?
    바로 화차火車였습니다. 대신기전大神機箭은 길이 약 52cm 정도의 대나무로 만들어진 화살대의 윗부분에 길이 70cm 정도, 폭은 6cm 정도이며, 두께 2cm인 종이로 만들어진 약통(로켓 엔진)을 달았답니다. 폭탄에 해당되는 발화통을 약통 위에 올려놓고 도화선을 약통과 연결하여 신기전神機箭이 목표지점에 가까워지면 자동으로 폭발하도록 만들어졌습니다. 약통에는 화약을 채우고 바닥에 지름 4cm 크기의 구멍을 뚫어 화약이 타면서 가스를 나오게 하여 로켓이 날아갈 수 있도록 하였으며, 사정거리는 1,000m 이상이었습니다.
    이순신 장군은 신기전을 이용하여 왜군의 배를 격파하기도 하였습니다.
    육지에서는 신기전에 화차를 설치하였습니다. 화차에는 50개의 구멍이 있었으며, 구멍 한 개에는 4개의 화살을 꽂게 하였습니다. 그리하여 한꺼번에 200개의 화살을 동시에 발사하게 만들었답니다. 이 무기를 이용하여 권율 장군이 행주산성에서 왜군을 무찔렀습니다.

임진왜란 때 흑인 병사가 명나라 원병으로 왔다면서요?

　임진왜란이 한창이던 때에 명나라와 일본은 휴전회담을 하였습니다. 그러나 휴전회담이 성과가 없이 끝나자 제2차 전쟁을 선포한 왜군의 재출병으로 정유재란이 일어났습니다. 조선은 또다시 명나라에 원병을 요청하였고, 1598년 드디어 흑인용병이 조선에 들어왔습니다.

　조선의 화가였던 김수운이 그린 그림에 당시 흑인병사의 모습이 보입니다. 당시 명나라 장수 팽신고는 선조 31년(1598년) 5월 왕에게 '제가 데리고 온 병사들 중에 파랑국(오늘날의 포르투갈) 사람으로 바다 셋을 건너고 조선과는 15만여 리나 떨어져 있는 곳에서 온 귀한 전투병입니다.' 라고 흑인병사를 소개하였다고 합니다.

　명나라 장수는 이들이 조총과 여러 가지 무예에 뛰어나며 특히 바닷속으로 들어가 한참을 있어도 되므로 왜군의 배를 공격하는데 많은 활약을 할 것이라고 말했답니다.

　《조선왕조실록》은 흑인용병의 모습을 한 마디로 바다귀신〔海鬼〕이라고 하였습니다.

　'먼저 노란 눈동자에 얼굴빛은 검고, 사지와 온몸도 모두 검으며, 턱수염과 머리카락은 모두 곱슬이며 검은 양털처럼 짧게 꼬부라져 있다. 이마는 대머리가 훌러덩 벗겨졌는데, 한 필이나 되는 누런 비단을 머리에 말아 올렸다.'

　그리고 다른 책에서는 그들이 키가 커서 말을 타지 못하고 수레를 타고 전쟁터로 이동하였다고 나와 있습니다.

　이때는 전쟁의 막바지라 왜군들은 순천과 남해, 그리고 울산과 부산을 중심으로 왜성을 쌓으면서 저항을 하였습니다. 그러나 이들의 활약은 거의 없었던 듯합니다.

　이익은 그의 저서 《성호사설星湖僿說》에서 흑인용병을 비판하였는데 이때 흑인용병은 제독 한토관병어왜총병관인 유정의 지휘를 받고 있었습니다.

　'유정은 경주에서 왜군를 공격할 때 단 한 번의 공을 세우지도 못했다. 도대체 무엇 때문에 해귀를 시켜 물속으로 들어가 왜선의 밑을 뚫어 배가 가라앉도록 하지 않았는지 이해할 수가 없다.'

　이 흑인용병은 오늘날의 해군이나 해병대에 해당할 것입니다.

─연표

1545년	한성(서울) 건천동 출생. 자는 여해汝諧, 시호는 충무忠武, 본관은 덕수德水.
1572년	훈련원 무과시험에 응시하였으나 말타기 때 말에서 떨어져 다리뼈를 다침. 응급처치를 하고 계속 달렸으나 시험에서 떨어짐.
1576년	32세의 늦은 나이로 무과에 급제.
1576년	12월, 함경도 동구비보의 권관(종9품)이 됨.
1579년	2월, 훈련원 봉사(종8품)가 됨.
1580년	발포의 수군 만호가 됨. 처음으로 수군과 관련을 맺음.
1583년	7월, 함경도 남병사의 군관이 되어 여진족 울기내를 토벌하여 공을 세움.
1586년	1월, 사복시(거마에 관한 일을 맡는 관청) 주부(종9품)가 되었다가, 16일 뒤에 함경도 조산보 만호(종4품)가 됨.
1587년	8월, 녹둔도의 둔전관을 겸함. 여진의 기습을 막았으나, 이일의 모함으로 벼슬에서 쫓겨나 1차 백의종군을 함.
1589년	12월, 정읍 현감(종6품)이 됨.
1592년	임진왜란 때 방답 진첨 절제사로서 옥포해전에 참가하여 공을 세운 뒤로 전부장으로서 항상 선봉이 되어 당항포, 한산, 부산포 등의 해전에서 적을 크게 무찌름. 특히 학익진을 이용

	하여 한산도에서 크게 이김.
1594년	명나라 수군이 원정을 오자 합세하여 장문포에서 왜군을 무찌르고 다시 왜군이 쳐들어올 것을 대비하면서 백성을 보살핌.
1597년	2월, 모함으로 한성으로 잡혀감.
	4월, 감옥에서 나와 도원수 권율 아래에서 백의종군을 함.
	7월, 삼도 수군통제사로 재임명됨.
	9월, 12척의 배로 133척의 일본수군과 맞서 명량해전을 대승으로 이끎.
1598년	왜적선 500척이 노량에 모여 있는 것을 전멸시켰으나 적의 유탄에 맞아 전사.
1604년	나라에서 선무 일등공신으로 추앙하여 덕풍부원군이 제수되고, 또 좌의정으로 추증됨.
1643년	3월, 임금이 시호 충무忠武를 내림.
1793년	7월, 영의정으로 추증됨.

聖雄 李舜臣

The life of a great man

- 음봉농협
- 충무공 묘소
- 서해안고속도로 서평택IC
- 39 삽교호
- 45
- 곡교천
- 충무교
- 아산시청
- 예산
- 온양온천역

고속철도

현충사
(顯忠祠)

음봉방면　　천안IC방향

아산방면

탕정농공단지

천안방향

가족과 함께 떠나는 체험학습

산 따라 강 따라

02

버스터미널

21　　장항선

공주, 부여

| 산 따라 강 따라 |
사진 제공 : 현충사

1. 성웅의 눈물

　목포에서 인천까지 서해안 고속국도가 2001년 12월에 완공되었다. 중국과의 교역에 대비한 고속국도이다. 길게 뻗은 고속국도를 달리다 보니 어마어마한 규모의 다리가 앞에 보였다. 우리나라에서 가장 길고, 세계에서 9번째로 긴 서해대교이다. 바다를 가로지른 서해대교와 드넓은 바다를 바라보면서 이순신 장군의 혜안慧眼에 절로 마음이 숙연해졌다. 장군이 바다를 중시했듯이 오늘날에도 바다를 지배하는 사람이 세계를 지배하니 말이다.
　국도를 따라 이순신 장군이 자라고 잠들어 계신 아산시로 향했다. 아산시 음봉면 삼거리 어라산 기슭에 장군은 잠들어 계신다. 나라를 구한 성웅聖雄의 묘라고 하기에는 너무 검소하게 느껴졌다. 원래 장군의 묘는 경상남도 남해 노량(현재의 충렬사 자리)에 잠시 안치되었다가 곧 사령부가 있는 고금도로 옮겨졌다. 이듬해(1599년)에 아산으로 옮겨져 2월 11일 금성산 밑에 장례를 치렀다가 15년 뒤인 광해왕 6년(1614년)에 현재의 자리인 어라산으로 옮겨 부인과 함께 합장했다. 나라 안팎으로 어려움을 겪고 있는 이때, '장군의 힘을 빌릴 수 없을까?' 하는 생각을 하면서 장군의 사당祠堂인 현충사顯忠祠로 발길을 돌렸다.

이 충무공 묘소

현충사는 장군의 묘소에서 약 9km가량 떨어진 아산시 염치면

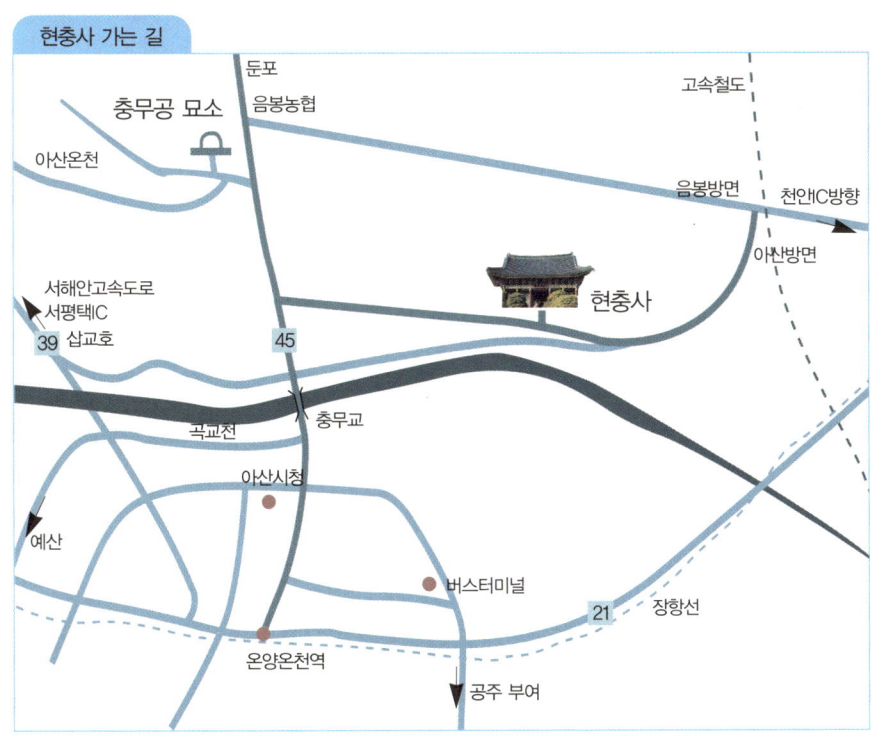

현충사 본전

현충사 유물관

이순신 영정

백암리에 자리 잡고 있다. 원래 이곳은 이순신 장군이 서울 건천동에서 태어나 8세 때부터 옮겨 살았던 곳이다. 숙종 32년(1706년)에 이 고장 선비들의 힘으로 사당이 세워졌으며, 다음 해 왕이 현충사란 현판을 내리셨다. 일본의 지배를 받으면서 일시 쇠락하였으나, 이 충무공 유적 보존회와 동아일보사가 중심이 되어 국민들의 뜻을 모아 1932년에 다시 지었다. 역시 이순신 장군은 모든 사람들의 존경을 받았다는 것을 뜻하는 증거라 할 수 있다. 오늘날처럼 현충사가 성역화된 것은 1966년 이후이며, 사적 제155호로 지정되어 있다.

현충사의 중심은 꼭대기에 있는 현충사 본전이라 할 수 있다. 청기와집으로 된 현충사 본전에는 이순신 장군의 영정과 장군이 일본군을 맞아 싸워 승리했던 한산대첩을 비롯한 싸움의 장면을 나타낸 기록화가 벽면에

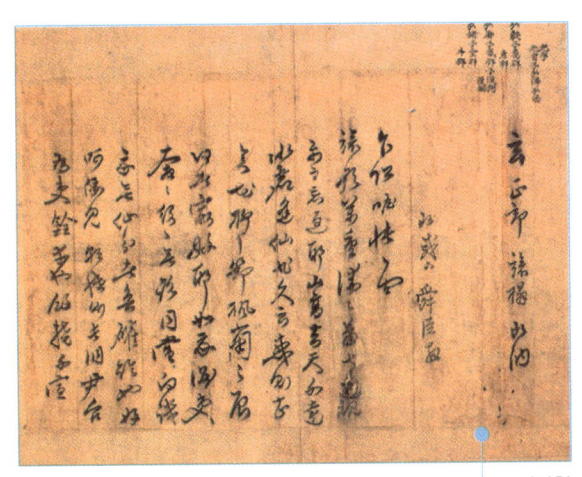
서간첩

있다. 현충사 서남쪽 아래에는 유물전시관이 자리하고 있다. 장군이 임진왜란 중에 쓰신 〈난중일기亂中日記〉를 비롯하여 칼, 가족과 친척에게 보낸 편지인 〈서간첩書簡帖〉 등이 있다. 칼은 1594년 4월 한산도 진중에서 태귀연, 이무생이 만든 것으로 크기가 197.5cm나 되며, 비천상 무늬와 자신의 의지를 시로 나타낸 시구詩句가 있다.

석 자 되는 칼로 하늘에 맹세하니,
산과 물이 떨고
한 번 휘둘러 쓸어버리니
피가 강산을 물들인다.

이밖에 임진왜란 때 쓰던 무기인 비격진천뢰, 조총, 천자포·지자포·현자포·황자포 등의 대포, 화살, 거북선 모형 등이 전시되어 있었다. 그

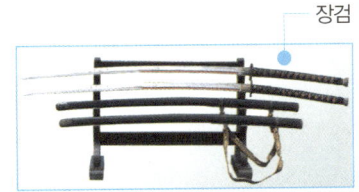
장검

고택

런 무기를 보고 있자니 내가 마치 조선의 수군이 된 듯한 묘한 기분이 들었다.

  발길을 돌려 장군이 사시던 고택으로 향했다. 미음(ㅁ)자 형으로 된 기와집인 장군의 집은 현충사가 성역화되기 전인 1966년까지 후손들이 살았다고 한다. 아담하면서 검소하게 살았던 장군의 숨결이 느껴지는 집이었다. 이 집은 원래 장군의 처가妻家였으나, 부인 방씨가 외동딸이었기 때문에 충무공의 후손들이 살게 되었다고 한다.

  집에서 동쪽으로 50m 정도 가면 장군께서 궁술을 연습하던 활터와 기마술을 갈고 닦은 기마장이 나오고, 활터에서 동쪽으로 가니 셋째 아들 이면 공의 무덤이 있다. 장군이 남해안에서 계속 왜군을 무찌르자, 일본군은 그에 대한 보복으로 아산에 있던 장군의 가족을 볼모로 잡으려고 했다. 이 때 가족을 돌보던 셋째 아들 면이 일본군에 맞서 싸우다 죽음을 당하였던 것이다. 아들의 죽음을 안 장군은 슬픔을 가누지 못했다. 나라를 구한 성웅이지만, 또한 자식을 사랑하는 보통의 평범한 아버지들과 조금도 다르지 않았음을 알 수 있는 부분이다. 〈난중일기〉에 자식의 죽음을 슬퍼하면서 쓴 대목이 있는데, 그 일기의 한 부분을 읽으면 언제나 코끝이 찡해온다.

활터

이면 공 묘소

네가 죽고 내가 살다니
무슨 이런 일이 있느냐?
천지가 어둡고
백일이 빛을 잃는구나.
아! 슬프다,
내 작은 아들이여,
나를 버리고
너는 어디를 갔느냐?

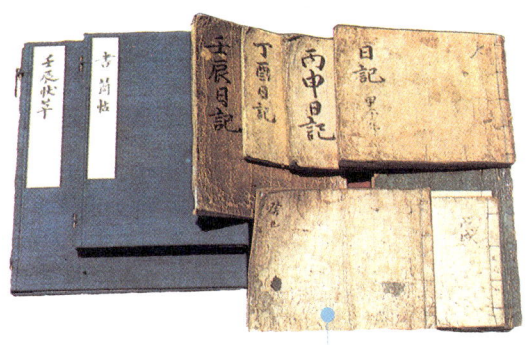
〈난중일기〉와 편지

| 산 따라 강 따라 |

2. 남해안의 헤아릴 수 없는 성웅의 발자취

목포에서 부산에 이르는 지역은 곳곳에 이순신 장군의 유적이 남아 있다. 그것은 임진왜란 때 장군이 남해를 주름잡았음을 알 수 있는 또 다른 증거이다.

현충사를 둘러본 후 곧바로 왜군을 맞아 처음으로 승리한 옥포로 향했다.

거제시 옥포동에는 이순신 장군이 왜군을 물리친 것을 기념하여 옥포대첩공원이 있다. 거제시는 우리나라에서 두 번째로 큰 섬이다. 그런데 1971년에 당시 통영군 용남면과 거제군 사등면 사이의 견내량해를 잇는 거제대교가 세워져 이제는 섬이 아닌 연륙도連陸島가 되었다.

경부 고속국도에서 대전을 지나 통영까지 가는 고속국도를 타면 바로 통영에 도착한다. 바로 이곳이 이순신 장군이 삼도 수군통제영으로 머물렀던 한산도가 있는 곳이다.

통영에서 10분 정도 가면 거제대교를 만나게 된다. 거제대교가 위치한 곳에서 북쪽으로 향하면 칠천량이 보이는데, 이곳은 조선 수군을 이끈 원균 장군이 왜군의 꾐에 빠져 수군과 배가 모두 물속에 가라앉거나 불타고 12척의 배만 살아나온 치욕의 장소이다. 바다는 그 옛날의 조선 수군들의 아픔을 간직한 때문인지 유난히 물결이 잔잔하게 느껴졌다.

거제대교를 지나니 우리나라에서 두 번째로 큰 섬이라는 생각이 들지 않을 정도로 높은 산과 들판이 보였다. 거제는 한려해상국립공원을 동쪽과 남쪽에 끼고 있어 사계절 모두 아름다운 풍경을 볼 수 있는 곳이다.

남해

거제는 사실 이순신 장군의 흔적뿐만 아니라 민족의 가슴 아픈 현장을 간직하고 있는 곳이다. 바로 1950년에 일어난 6.25 전쟁 때에 포로들을 수용하던 포로수용소가 있었던 곳으로 지금도 당시의 모습을 생생하게 보여 주고 있다.

포로수용소를 지나 옥포로 향했다. 옥포에는 400년 전 이순신 장군의 뜻을 받들어 오늘날 배를 만드는 조선소가 있는 곳이다. 이곳에서는 세계적인 수준의 LPG 운반선을 비롯하여 컨테이너 운반선 등을 생산하고 있는데 실로 그 규모가 어마어마하여 입을 다물 수가 없었다.

옥포에는 이순신 장군의 옥포대전 승리를 기념하고, 충무공 정신을 후세에 길이 계승하기 위하여 옥포만에 조성한 기념공원이

옥포대첩 기념공원의 이순신 장군 부조상

있다. 기념탑과 옥포루에 오르면 정면으로 보이는 옥포만의 푸른바다가 온통 가슴에 와 안긴다. 파도소리에 귀 기울이며 눈을 감아보면 당시 왜군을 향해 호통을 치는 장군의 소리가 들리는 듯하다. 공원 내에는 기념탑과 참배단, 옥포루, 기념관, 이순신 장군 사당 등이 있는데 한 곳 한 곳 들를 때마다 장군이 사무치게 그리웠다. 장군과 같은 분이 한 분만 더 계셨더라면 오늘날 우리나라의 모습은 아마 많이 달라졌을 것이다. 아니 '장군에게 억울한 누명을 씌워 백의종군하도록 하지만 않았더라면……' 하는 생각이 옥포를 둘러보는 동안 줄곧 나를 따라다녔다.

옥포대첩 기념탑

거제에서 나와 전라좌수영이 있던 여수로 향했다. 사천에서 남해 고속국도를 타고 순천에 도착하니 그 옛날 마지막까지 고니시 유키나가가 머물며 이순신 장군을 애태웠던 곳이라는 생각이 불현듯 들었다. 순천을 지나니 바로 여수가 나왔다.

조선시대에는 전라도와 경상도를 좌우로 나누어 각기 해군사령

진남관 전경

　부를 두었다. 이순신 장군은 전라좌수사로 임명되어 전라도의 좌측을 맡으셨는데 오늘날 이곳에는 진남관이 자리 잡고 있었다. 남쪽의 왜적을 진압한다는 뜻이 아닐까? 진남관에는 장군이 나랏일을 보던 진해루가 있었던 곳이다. 진남관은 나무로 지어진 것으로는 우리나라에서 가장 큰 규모로 큰 기둥만 68개나 된다고 한다. 더구나 장군의 철두철미한 정신을 반영하듯이 나무를 소금기가 있는 바닷물에 담갔다가 지었기 때문에 썩는 것과 해충의 피해를 방지할 수 있었다고 한다. 그 때문에 여름이 되면 소금에 의한 흰꽃이 핀다고 하는데 그것이 또한 장관壯觀이라고 한다.

　거북선이 만들어졌던 여수시 시전동에는 조선소가 있다. 태종 때 처음 만들어졌던 거북선은 장군에 의해 완전 개량되었다고 할 수 있다. 이곳은 고려시대 이래로 해군들이 사용하는 배가 만들어진 조선소이다.

이순신 장군의 가장 훌륭한 점은 위기에 처한 나라를 구한 것이다. 또한 모든 부하들과 백성들의 존경을 받았다는 것이다. 엄격하면서도 부하들에게 자상한 지휘관이었다는 것을 타루비墮淚碑가 보여 주고 있다. 노량싸움에서 54세를 일기로 장군이 세상을 떠나자, 5년 후에 부하들이 솔선하여 돈을 거두어 세운 비석으로 '비석만 보아도 눈물이 흐른다.' 라는 뜻에서 '타루비' 라 했다 한다.
　여수에서 사장교를 지나면 돌산도에 닿는다. 이곳에는 거북선

거북선(사진제공—현충사)

기념관이 있다. 세계 최초의 철갑선인 거북선은 길이 37m, 높이 6.8m, 넓이 8.2m로 130~150명이 탈 수 있다. 당포해전에서 처음 일본군의 배를 무찌른 후에 7년간의 임진왜란 중에 약 337척의 왜선을 격파한 큰 공을 세운 배다. 모형으로 된 거북선은 2층으로 되어 있다. 1층은 노를 젓는 능라군과 24개의 방이 있어 병사들이 생활하는 공간인 듯하였다. 2층은 천자포, 현자포 등 각종 포를 다루는 병사들의 모습이 모형으로 생생하게 재현되어 있었다. 또한 거북선의 우수성은 배 위에 철못을 박아 적이 올라올 수 없게 설계한 것과, 밖에서는 안을 들여다볼 수 없도록 한 것이다. 더구나 용머리에서는 유황염초를 태워 연기가 뿜어져 나와 적을 놀라게 했다.

　다음 목적지는 목포였다. 여수에 더 머물며 거북선의 이모저모

노적봉

를 좀 더 상세히 살펴보고 싶었지만 다음 기회로 미루고 떨어지지 않는 발길을 돌렸다.

목포에는 이순신 장군의 전설이 서려 있는 산이 있는데 바로 유달산儒達山이다. 유달산은 목포의 뒷산이라고 할 정도로 목포 시민들에게는 친근한 산이다. 높이 228m의 산으로 정상에 오르면 목포시와 다도해를 한눈에 굽어볼 수 있다. 아름답고 기이한 모양의 바위와 깎아지른 듯한 낭떠러지가 자랑으로 '호남의 개골'이라고도 불린다.

원균 장군이 왜군에게 패배한 후에 조선 수군의 사기와 군사력은 밑바닥으로 떨어졌다. 수백 척이나 되던 배는 겨우 12척만 남았고, 식량이 부족하여 병사들끼리도 다툼을 했던 때였다. 더구나 병사도 턱없이 부족하여 조선 수군은 왜군들에게 바람 앞의 등불처럼 어려운 지경이었다.

이순신 장군은 왜군들에게 많은 군사가 있으며, 식량이 풍부하다는 것을 보여 주고 싶어 바로 유달산을 이용하여 왜군들에게 조선 수군의 식량이 풍부함을 알리려 하셨다. 유달산에 노적봉이 있는데 이 봉우리에 이엉을 덮어 조선 수군의 군량미로 위장하였다. 이에 겁을 먹은 왜군이 사기가 떨어져 도망갔다는 전설이 전해오는 산이다.

이순신 장군의 체취를 곳곳에서 느끼며, 이순신 장군께서 오늘날 어려움에 빠진 대한민국을 구해주기를 바라면서 목포를 떠났다.

전문가가 제시하는 논술문제 10

생각과 표현

03

| 생각과 표현 |

출제 : 손민정

문제 01

이후백이 이순신 장군을 방문했을 때, 그가 대접한 상차림을 보고 마음이 상한 일화가 있습니다. 이 일화가 우리에게 주는 교훈을 현대사회의 세태와 관련지어 서술하시오.

(다음은 학생의 답안을 선생님의 지도로 수정한 과정을 그대로 실은 것입니다.)

```
            현 대 의   과 소 비   풍 조 와   대 비

                  과 천 문 원 중 학 교   1 학 년
                                    안 수 진

      조 선 시 대 는   유 교 문 화 를   바 탕 으 로 하 여         윗
    예 의 와   형 식 을   중 시 하 였 다 .   윗 사 람 에 게
    예 의 를   다 하 고 ,   부 모 님 께 는   효 도 한 다 는
    점 에 서 는   매 우   긍 정 적 인   전 통 문 화 이 다 .
```

*한 문장에 '~는 ~는'이 반복되어 문장이 매끄럽지 못함.

하지만 시간이 흘러서(흐를수록) 점점(점례) 형식적으로 바뀌어서 허례허식과 겉치레를 중요시하는 문화로 바뀌었다. 그러나 이순신 장군은 자신을 꾸미지 않고 있는 그대로 보여 주었으며, 실속과 실리를 중시하는 방법으로 살았다.

이순신 장군의 평소 상차림을 본 이후백이 놀란 이유는 그의 검소함 때문이다. 오늘날의 중대장에 해당하는 위치에 있었으니 일반 병사들과는 다른 대접을 받았을 것인데 그 상차림이 형편없는 것을 보고 자신을 무시하는 것처럼 느껴져 매우 불쾌했을 것이다. 그러나 나중에 이후백은 이순신이 겉모습을 중요시하지 않고 있는 그대로를 보여준 성실한 사람이라는 것을 이해하게 된다.

요즈음 과소비 풍조와 허례허식에 대하여 비판하는 기사가 자주 실리고 있다. 이순신 장군의 검소한 삶을 통하여

*한 문장 안에서 '~서 ~서' 반복되어 매끄럽지 못함.

*속담이나 실례를 들어야 설득력이 잘 전달될 것임.

*A에서 B로 동등하게 바뀐 것이 아니라 뒤떨어지고 낙후한 것이므로 그에 합당한 단어를 쓰는 것이 좋을 듯.

*'보여 주다, 보여주다'는 두 가지 쓰임이 모두 허용되나, 가급적이면 통일하여 쓰는 것이 바람직함. 앞면에서는 띄어 썼음.

*어디에 자주 실리는지 출처를 밝혀야 함.

갑비싼 외제 물건을 쓰는 사람들, 다 쓰지도 않은 학용품을 아무 거리낌없이 버리는 학생들에게 절약하는 삶의 가치를 배울 수 있다.

　지구의 자원은 한정되어 있다. 많이 쓰고 많이 버리면 지구의 자원은 그만큼 빠르게 없어질 것이다. 따라서 적게 쓰고, 아껴 쓰는 것은 인류와 지구의 생존을 위해서 할 수 있는 아름답고도 분명한 일이라고 할 수 있다.

　이와 같이 이순신 장군의 일화를 통하여 내면의 진실함을 중시하는 그의 성품과 검소한 생활태도를 엿볼 수 있다. 이것은 겉모습으로 사람을 판단하고 형식과 겉치레를 중시하는 현대인들의 태도를 반성할 수 있는 기회를 준다. 우리는 적게 쓰고, 아껴 쓰는 것에 대한 미덕을 깨닫고 검소한 그의 생활태도를 본받아야 할 것이다.

*잘못된 문장임. 학생들에게 배우는 게 아님.

*문장이 길어져 전달력이 떨어지니 간결하게 고치는 것이 좋을 듯.

*문장이 어색하니 조사 용에 중을 할 것.

 **<< 답안**   조선시대는 유교문화를 바탕으로 하여 예의와 형식을 중시하였다. 윗사람에게 예의를 다하고, 부모님께 효도한다는 점에서 매우 긍정적인 전통문화이다. 하지만 시간이 흐를수록 점점 형식적으로 바뀌어서 허례허식과 겉치레를 중요시하는 문화로 퇴락했다. 예를 들어, '냉수 마시고 이 쑤신다.'는 속담만 보아도 알 수 있듯이 양반들은 실속은 없으면서도 다른 사람의 시선과 겉모습을 중요시하였다. 그러나 이순신 장군은 자신을 꾸미지 않고 있는 그대로 보여 주었으며, 실속과 실리를 중시하는 합리적인 방법으로 살았다.

이순신 장군의 평소 상차림을 본 이후백이 놀란 이유는 그의 검소함 때문이다. 오늘날의 중대장에 해당하는 위치에 있었으니 일반 병사들과는 다른 대접을 받았을 것인데 그 상차림이 형편없는 것을 보고 자신을 무시하는 것처럼 느껴져 매우 불쾌했을 것이다. 그러나 나중에 이후백은 이순신이 겉모습을 중요시하지 않고 있는 그대로를 보여 준 성실한 사람이라는 것을 이해하게 된다.

요즈음 신문을 보면 과소비 풍조와 허례허식에 대하여 비판하는 기사가 자주 실리고 있다. 이순신 장군의 검소한 삶을 통하여 값비싼 외제 물건을 쓰는 사람들, 다 쓰지도 않은 학용품을 아무 거리낌 없이 버리는 학생들에게 절약하는 삶의 가치를 배울 수 있게 해준다.

지구의 자원은 한정되어 있다. 많이 쓰고 많이 버리면 지구의 자원은 그만큼 빠르게 없어질 것이다. 따라서 적게 쓰고, 아껴 쓰는 것은 인류와 지구의 생존을 위한 미덕이라고 할 수 있다.

이와 같이 이순신 장군의 일화를 통하여 내면의 진실함을 중시하는 그의 성품과 검소한 생활태도를 엿볼 수 있다. 이것은 겉모습으로 사람을 판단하고 형식과 겉치레를 중시하는 현대인들에게 반성할 수 있는 기회를 준다. 우리는 적게 쓰고, 아껴 쓰는 것에 대한 미덕을 깨닫고 검소한 그의 생활태도를 본받아야 할 것이다.

문제 02

이순신 장군이 어떤 이유로 무관을 선택하였으며, 자신의 진로를 결정하게 되었는지 생각해 봅시다. 더 나아가 자기의 직업이나 진로를 결정할 때에 고려해야 될 것은 무엇이 있는지 서술하시오.

<< 답안   이순신 장군의 집안은 문반 집안이었다. 그러므로 이순신 장군의 아버지도 아들이 문관이 되기를 원하였다. 그러나 용기 있는 성품과 장군의 기질을 타고난 이순신 장군은 어렸을 때부터 전쟁놀이를 즐겼으며, 남 앞에 나아가 지휘하고 통솔하기를 좋아하였다. 활쏘기와 말타기 등의 무술 솜씨가 뛰어나고 병법을 개발하고 전쟁작전을 짜는 재능을 타고났기 때문에 이순신 장군은 자신의 소질을 살려 무과시험을 보았다. 자신의 재능과 소질을 파악하고 자신이 잘할 수 있는 분야를 찾아 군인의 길을 걷게 된 것이다.

　자신의 직업이나 진로를 결정할 때에 다음과 같은 것을 생각해 볼 필요가 있다.

　첫째, 자신이 하고 싶은 직업에 대한 정보를 잘 알고 있어야 한다. 겉보기에 좋아 보여 잘 모르는 직업을 막연하게 선택하기보다는 구체적으로 어떤 일을 하는 직업인지 잘 알고 선택하는 것이 바람직하다.

　둘째, 자신의 재능과 능력을 생각한다. 예를 들어, 유전공학에 대한 지식이 전혀 없는 사람이 유전공학자가 되기는 현실적으로 불가능하다. 따라서 자신의 능력을 파악하고 자신이 원하는 직업에 대한 준비가 필요하다.

셋째, 자신의 관심과 흥미를 만족시킬 수 있는 직업을 찾는다. 흥미가 있는 분야의 직업을 선택하면 즐겁게 일하고 보람을 느낄 수 있다.

넷째, 자신이 선택한 직업의 사회적 가치를 고려한다.

예를 들어, 많은 돈을 벌기 위하여 변호사가 되기보다는 억울한 사람들의 누명을 벗겨 주기 위하여 그 직업을 택한다면 살기 좋은 사회를 만들기 위해 자신의 직업이 도움이 될 것이다. 이것은 자신의 직업이 여러 사람들의 이익을 목적으로 한다는 점에서 중요하다.

마지막으로 직업을 선택할 때에 미래를 내다보는 안목이 있어야 한다. 단기적으로 유행하거나 인기 있는 직업을 따라서 선택하는 것이 아니라 미래를 내다보고 유망한 직업에 대해 생각한 다음 그것에 필요한 준비를 하는 것도 좋은 방법이다. 예를 들면, 지금 매우 발달한 영화의 그래픽 특수효과는 예전에는 잘 알려져 있지 않은 분야였지만 지금은 매우 유망한 분야인 것만 보아도 잘 알 수 있다.

지금까지 이순신 장군이 자신의 직업을 택한 이유와 직업을 선택할 때에 생각해야 할 점에 대하여 알아보았다. 이순신 장군은 자신의 장점과 능력을 잘 알고 있었고, 그것을 바탕으로 자신의 직업을 선택하였다. 물론 이순신 장군이 무관을 선택할 때에도 부모님의 반대라든가 문관 우대의 사회적 풍토 등의 어려운 점이 있었지만 그는 자신의 의지와 노력으로 그러한 어려움을 현명하게 극복하였다.

문제 03

이순신 장군이 백의종군을 하게 된 이유를 본문을 참고로 하여 설명하고 그것에 대한 자신의 생각을 서술하시오.

<< 답안 　이순신 장군은 왜군을 무찌른 공을 인정받아 전라좌수사 정헌대부라는 관직을 얻었다. 하지만 그를 미워하는 일부 관리들로 인하여 감옥살이를 하기도 하였다. 그 후 이순신 장군은 죄인의 신분으로 백의종군하여 공을 세우라는 나라의 명령을 받았다.

　왜군대장 고니시 유키나가는 전쟁이 길어지고 명나라와의 회담에서 좋은 결과가 나오지 않자 조선을 침략하는데 가장 큰 걸림돌이 되는 이순신 장군을 없애는 방법을 찾게 된다. 그것은 거짓 정보를 흘려 나라와 이순신 장군 사이의 관계를 나쁘게 하여 더 이상 그가 전쟁에 참여하지 못하도록 하는 것이었다. 이순신 장군은 일본의 거짓정보를 알아차리고 출전하라는 나라의 명령을 실행하지 않는다. 이에 이순신 장군을 미워하는 관리들은 임금에게 나라의 명령을 어긴 죄인으로 몰아간다. 선조는 이순신 장군에게 또다시 죄인의 신분으로 백의종군하여 공을 세우라는 명령을 내렸다.

　우리나라는 칠전량해전에서 패배하여 큰 타격을 입었다. 선전관 김식은 칠전량해전에서 패배한 지 6일 만에 조선 수군이 왜군에게 패배한 과정을 보고한다. 이것을 들은 선조는 이순신 장군을 다시 삼도 수군통제사로 임명한다.

　이러한 과정을 통하여 심한 고통과 시련을 견뎌내고 우리나라를 지키기 위해 끝까지 최선을 다한 이순신 장군의 의지력과 끈기를 배울 수 있다. 만약 이순신 장군이 모진 고문을 받는 중에 자신의 안전을 먼저 생각하였다면, 선조의 명령을 따라 전쟁에 나가서 일본의 작전에 휘말렸을 것이다. 그러나 그는 끝까지 자신의 신념을 버리지 않고, 자신보다는 나라를 먼저 생각하였다. 또한 우리는 이순신 장군이 백의종군하여 죄인의 신분으로 나라의 벌을 받는 과정에서 정치 지도자들의 역할이 한 나라의 운명을 결정하는데 얼마나 큰 영향을 미칠 수 있는지 알 수 있었다. 정치지도자들도 나라에 공을 세우는 사람을 인정하고 받아들이는 태도를 가져야 한다는 것을 일깨워 준다.

문제 04

거북선을 통하여 선조들이 이루어 놓은 과학기술의 우수성을 알 수 있습니다. 본문을 참고로 하여 거북선의 구조에 대하여 설명하고, 선조들의 과학기술에 대한 자신의 생각을 서술하시오.

<< 답안   세계 최초의 철갑선인 거북선은 안에서는 밖을 볼 수 있어도 밖에서는 안을 볼 수 없도록 설계되어 공격하기에 좋은 조건을 갖추었다. 그 내부는 2층으로 되어 있다. 1층은 노를 젓는 능라군과 24개의 방이 있어 병사들이 쉴 수 있는 공간이 있었으며, 2층은 천자포, 지자포, 현자포 등 각종 포를 다루는 공간으로 되어 있다. 또한 그 외형은 매우 특이하다. 배 위에 철못을 박아 적이 올라올 수 없도록 만들었으며, 용머리에는 유황염초를 태워 연기를 뿜어 적을 놀라게 하였다. 배의 뒤쪽에는 꼬리 아래 총구멍을 내어 뒤에 있는 적의 배를 방어할 수 있도록 만들었다.

거북선의 외형과 내부의 구조에서 알 수 있듯이 거북선은 외적으로부터 자신을 방어하고 공격할 수 있게 만들어진 매우 과학적인 발명품이다. 거북선 제작에서 알 수 있듯이 조선시대에는 과학 분야에서 뛰어난 발전이 있었다. 조선시대 과학기술의 발전은 백성들의 생활을 향상시키는데 많은 도움을 주었다. 이러한 발명품들은 우리 조상들이 어려운 상황과 역경에서 쉽게 포기하지 않고 오히려 그것을 극복하기 위하여 지혜

를 나타낸 결과이다.

지하자원이 부족하고 좁은 땅에서 21세기를 살아가는 우리들의 사정도 조선시대와 크게 다르지 않다. 우리들도 선조들의 과학에 대한 열정을 이어나가 어려운 조건을 극복하여 그것을 오히려 기회로 삼을 수 있기를 기대한다. 또한 선조들이 이루어 놓은 과학기술을 오늘날의 과학분야에 응용하여 인류가 보다 나은 삶을 살도록 발전시켜야 할 것이다.

문제 05 만일 이순신 장군이 한산도대첩과 노량해전에서 패했다면 조선은 어떻게 되었을지 서술하시오.

<< 답안 　일본은 한반도의 대문이라고 할 수 있는 남해안을 통하여 육지로 상륙하였을 것이다. 그들은 호남지방의 풍부한 곡식을 군량미로 이용하고 군사물자를 더 쉽게 공급받을 수 있게 된다. 일본의 호남지방 점령은 그들이 전쟁에서 더욱 유리한 입장에 서게 된다는 것을 의미한다. 남해안의 군사 요충지역이 뚫리게 되면 한성으로 오는 육로가 일본을 향해 열리게 된다. 일본은 조선의 수도인 한성을 함락하고, 그들의 세력을 중국에까지 넓혔을 것이다. 따라서 동아시아의 정세는 지금과는 많이 달라졌을 것이다.

이순신 장군이 한산도대첩과 노량해전에서 남해를 지킨 것은 동아시아의 평화를 유지하고 임진왜란 이후 일본으로부터 당당히 우리의 국토를 지켰다는 의의가 있다.

문제 06 이순신 장군이 한산도대첩과 명량대첩에서 사용한 병법에 대하여 간단히 설명하고 자신의 생각을 서술하시오.

<< 답안   이순신 장군은 한산도대첩과 명량대첩에서 뛰어난 병법으로 왜군을 물리쳤다.

한산도대첩에서는 학익진 전법으로 수만의 왜군을 불과 수천 명의 조선 수군으로 막아낼 수 있었다. 학익진 전법은 학의 날개 형상으로 배를 배치시킨 후 왜군의 배를 포위하여 천자포, 지자포, 현자총통과 승자총통 등 무기를 총동원하여 왜군을 공격하는 병법이다. 왜군의 큰 배들은 두 동강이 났고, 달아나는 배들은 거북선이 뒤따라가 모두 물리쳤다. 학익진 전법 외에도 한산도대첩에서는 이순신 장군의 또 다른 지혜를 알 수 있다. 이순신 장군은 우리 배들이 싸움하기 좋은 한산도와 미륵도 쪽으로 왜군의 배를 끌어내 그곳에서 학익진 전법을 사용하였다. 한산도는 사방으로 헤엄쳐 나아갈 길이 없고 적이 비록 육지에 오르더라도 굶어 죽게 될 것이기에 이순신 장군은 이곳을 싸움의 장소로 정한 것이다.

명량대첩에서 이순신 장군은 긍정적인 태도와 굳은 의지로 불리한 조건을 우리에게 유리하도록 바꾸어 놓았다. 명량해전이 일어났던 장소는 바다의 폭이 좁아 썰물 때에는 물이 빠지면서 물살이 빨라 물이 운다고 하여 명량으로 불리는 곳이다. 이 장소 역시 이순신 장군이 싸움의 장소로 계획한 곳이었다. 명량대첩을 할 당시 조선군의 전선은 매우 적은 수였다. 이순신이 탄 판옥선을 포함하여 아군의 배는 12척에 불과했다. 이곳에서 이순신 장군은 12척의 배를 앞세우고 뒤에는 고깃배를 전선 모양으로 뒤따라오도록 하였다. 처음에는 왜군 배의 기세에 눌린 조선 수군이 앞으로 나가기를 두려워하였으나 이순신 장군의 용감한 모습과 당당한 기세에 사기가 올라 마침내 31척의 왜선을 무찌를 수 있었다. 이 싸움의 승리로 조선군은 다시 칠천량해전의 패배로 빼앗겼던 바다의 지배권을 되찾게 되었다.

　이 두 싸움을 통하여 이순신 장군의 뛰어난 지도력과 병법을 엿볼 수 있다. 상황이 좋지 않았지만 할 수 있다는 이순신 장군의 굳은 의지가 있었고, 상황을 자신이 뜻하는 대로 통제할 수 있는 지도력이 있었다. 우리도 이순신 장군을 본받아 자신이 처한 상황을 긍정적으로 보고 이를 지혜롭게 해결해 간다면 사회와 나라를 위하여 큰일을 해낼 수 있을 것이다.

문제 07　이순신 장군의 아들 이면은 혼자서 십여 명의 왜군과 맞서 싸웠습니다. 만약 자신이 이면이라면 이러한 상황을 어떻게 해결했을지 서술하시오.

<< 답안　　이 일화를 통하여 이면의 용기와 가족에 대한 지극한 사랑을 알 수 있다. 당시 조선은 나라에 대한 충성심과 부모에 대한 효심을 중요한 덕목으로 삼았다. 효를 몸소 실천한 이면의 행동은 본받을 만하다. 그러나 나라를 위하여 더 큰 일을 할 수 있는 기회를 갖도록 자신의 귀중한 목숨을 지키는 일 또한 중요하다.

　내가 만약 이면과 같은 상황에 처한다면 일단 가족을 먼 산으로 대피

시키고 가족들이 대피한 반대 방향으로 도망쳐 왜군을 유인할 것이다. 아무리 뛰어난 장군이라도 혼자서 수십 명의 왜군을 막기란 쉬운 일이 아니다. 따라서 일단 안전한 곳에 몸을 피하고 지원군을 기다려 그들과 합심하여 일본군과 싸울 것이다. 이면의 용기는 그 누구보다 높아 칭찬을 들을 만하나, 눈앞에 일어나는 상황을 그 자리에서 바로 해결하려고 한 점에 대하여 아쉬움이 남는다. 1년, 또는 10년 앞을 내다보는 눈이 있었다면 자신의 목숨을 보존하면서도 일본군을 물리치는 지혜를 발휘하였을 것이다.

문제 08

이순신 장군이 명량대첩의 장소로 '명량'을 택한 이유와 그 의미를 본문을 참고로 하여 서술하시오.

<< 답안　이순신 장군은 병법과 군사 전략 뿐만 아니라 조선군에게 유리하도록 싸움 장소를 정하는 뛰어난 눈을 가지고 있었다. 이순신이 관할한 남해안 지방은 육지와 바다가 만나는 중요한 지역이다. 이순신은 바다를 둘러보며 왜군을 맞아 유리하게 싸울 곳을 찾았다. 이순신 장군이 싸움하기 적당하다고 생각한 곳은 울돌목이었다. 울돌목은 오늘날 진도와 화원반도 사이의 바다를 가리킨다. 이곳의 특징은 바다의 폭이 좁아 썰물 때에는 물이 빠지면서 물살이 빨라지는 곳이다. 따라서 이순신 장군은 이러한 지형조건이 조선 수군에게 유리하게 작용한다는 것을 예상하고 싸움의 장소로 택하였다. 또한 이곳은 서해안으로 가는 길목이기 때문에 서울로 진출하려는 왜군을 막기에 적합한 장소이다.

이와 같은 이유로 이순신 장군은 명량대첩의 장소로 '명량'을 택하였다. 이순신 장군은 우리나라의 지형적 조건을 잘 파악하고 그것을 우리 군이 유리하게 싸울 수 있도록 적용하였다. 전쟁에 있어서 신식무기라든지 많은 수의 군사가 중요한 조건이 될 수도 있다. 그러나 이순신 장군의 뛰어난 병법이나 싸움의 장소를 잘 고르는 안목을 통하여 전쟁에서는 물질적인 조건보다 싸움을 임하는 자세와 지혜가 더욱 중요하다는 것을 일깨워 준다.

 **문제 09** 이순신 장군이 남해안을 지켜낸 의미가 무엇인지 본문을 참고로 서술하시오.

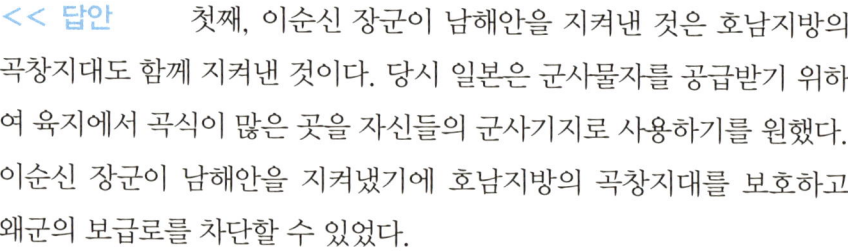

<< 답안　　첫째, 이순신 장군이 남해안을 지켜낸 것은 호남지방의 곡창지대도 함께 지켜낸 것이다. 당시 일본은 군사물자를 공급받기 위하여 육지에서 곡식이 많은 곳을 자신들의 군사기지로 사용하기를 원했다. 이순신 장군이 남해안을 지켜냈기에 호남지방의 곡창지대를 보호하고 왜군의 보급로를 차단할 수 있었다.

　둘째, 일본이 바다를 점령하고 육지로 나아가는 것을 방해하는 역할을 했다. 남해안은 한반도와 대륙으로 들어오는 대문 구실을 하는 중요한 곳이다. 만약 이곳을 이순신 장군이 지켜내지 못하였다면 일본은 남해를 거쳐 한반도와 중국 대륙으로 자신들의 세력범위를 넓혔을 것이고, 동아시아의 정세는 불안해졌을 것이다.

　셋째, 남해안을 지켜낸 것은 우리 군사와 민족에게 왜군의 침입을 막아냈다는 자신감을 주었다. 이순신 장군은 굳은 의지로 싸움에 임하였고, 병사들도 장군의 명령을 잘 따라 하나가 되어 왜군을 막았다. 조선의 백성들은 싸움의 승전보를 듣고 자신감을 얻을 수 있었다.

이와 같이 이순신 장군이 남해안을 지켜낸 것은 호남지방의 곡창지대를 지켜냈다는 점, 일본의 육지 진출과 보급로를 막았다는 점, 우리 민족에게 왜군을 막아냈다는 자신감을 준 점 등 역사적으로 볼 때 매우 큰 의미를 가지고 있다.

문제 10 이순신 장군이 후세에 훌륭하다는 평가를 받는 이유를 본문을 참고로 하여 서술하시오.

<< 답안 최근 한 조사기관에서 네티즌 13,000명을 대상으로 '지도자로 가장 신뢰받는 사람'이라는 주제로 설문조사를 실시한 결과 이순신 장군이 1위를 차지하였다. 이렇듯 오늘날에도 이순신 장군은 많은 사람들의 존경과 신뢰를 받고 있다. 이순신 장군이 후세에도 꾸준하게 존경받는 이유에 대하여 생각해 보자.

첫째, 이순신 장군은 적은 수의 군사와 어려운 형편에서도 일본군과 싸워 당당히 이겼다. 다른 사람들이 불가능하다고 판단할 때에 이순신 장군은 굳건한 신념을 가지고 부하들과 하나가 되어 싸웠다. '죽고자 하면 살고, 살고자 하면 죽을 것이다.' 라는 그의 말에서 전쟁에 임하는 자세와 의지를 알 수 있다. 그는 거북선을 비롯한 군사 장비를 갖추고 훌륭한 병법을 생각해 냈다. 또한 그는 적을 잘 관찰하고 대처하는 지혜를 가진 인물이다.

둘째, 이순신 장군은 훌륭한 성품을 지닌 지도자였다. 그는 부하들로부터 존경을 받았다. 노량싸움에서 이순신 장군이 세상을 떠나자 부하들은 솔선수범하여 타루비를 세웠다. 엄격하면서도 자상한 지휘관이었다는 사실을 타루비를 통해 알 수 있다.

셋째, 그는 자신의 개인적인 이익과 안전을 생각하기보다는 나라를 위하여 목숨도 아끼지 않았다. 이순신 장군은 부모님이 세상을 떠나실 때 곁에서 임종을 지키지 못했다. 자식의 도리를 중시하는 유교 사상을 기준으로 볼 때 그를 불효자라고 할 수도 있다. 그러나 그는 자신의 가족보다는 나라와 민족을 구하는 일에 온 힘을 기울였다는 점에서 긍정적으로 평가할 수 있다.

이와 같이 이순신 장군은 굳은 의지와 탁월한 병법으로 전쟁을 승리로 이끈 우리 역사에 길이 남을 훌륭한 인물이다. 우리는 이순신 장군의 정신을 본받아 나라 사랑의 마음을 기르고, 정신을 바르게 세우는 전통으로 이어가야 할 것이다.

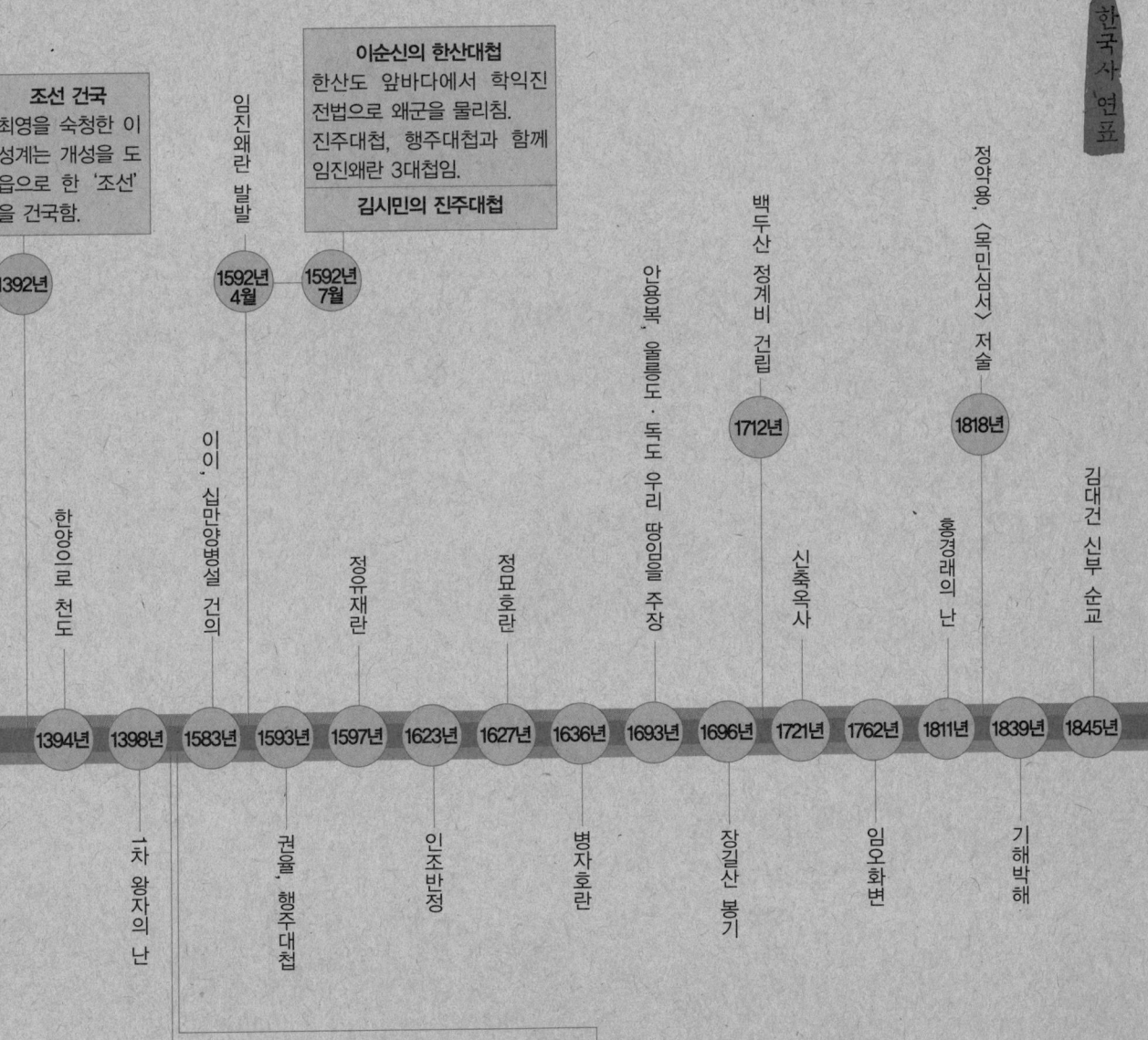

한국사 연표

- **1863년**: 흥선대원군, 정권 장악
- **1866년**: 병인양요
- **1871년**: 신미양요
- **1873년**: 대원군, 실각
- **1875년**: 운요호 사건
- **1876년**: 강화도 조약 체결
- **1881년**: 신사유람단, 영선사 파견
- **1882년**: 미국과 수호통상조약 체결, 임오군란, 제물포조약 체결
- **1883년**: 박영효, 태극기 처음 사용
- **1884년**: 우정국 설치, 갑신정변, 한성조약 체결
- **1885년**: 광혜원 설립, 거문도 사건
- **1886년**: 이화학당 설립
- **1889년**: 방곡령 선포
- **1894년**: 갑오개혁, 홍범 14조 제정, 동학 농민 운동(갑오 농민전쟁)
- **1895년**: 을미사변, 을미의병 운동
- **1896년**: 아관파천, 독립협회, 독립신문 창간
- **1897년**: 경인선 철도 기공, 대한제국 성립
- **1898년**: 만민공동회 열림
- **1900년**: 경인선 철도 개통
- **1904년**: 러·일 전쟁, 한일의정서 체결
- **1905년**: 을사보호조약 체결

한국사 연표

1907년: 국채보상운동, 헤이그 밀사 사건, 한일신협약 체결

1919년: 2·8 독립선언 발표, 3·1 운동, 대한민국 임시정부 수립, 제암리 학살 사건.

1945년: 한반도 광복. 1910년 국권이 침탈된 이후 35년 동안 일제 강점기에서 해방됨. 건국준비단체 '조선인민공화국' 수립 발표.

- 1906년 — 일제, 통감부 설치
- 1908년 — 동양척식주식회사 설립
- 1909년 — 안중근, 이토 히로부미 암살
- 1910년 — 한일병합조약 체결
- 1911년 — 신민회 사건
- 1915년 — 대한광복회 결성
- 1918년 — 무오독립선언서 발표
- 1920년 — 김좌진, 청산리 전투 유관순, 옥사
- 1923년 — 상하이에서 국민대표회의 개최. 조선물산장려회 창립.
- 1926년 — 6·10 만세 운동
- 1927년 — 신간회 창립
- 1929년 — 국민부 조직, 광주학생운동
- 1932년 — 윤봉길 의거
- 1940년 — 임시정부, 광복군 창설, 강제로 창씨개명
- 1942년 — 조선어학회 사건
- 1946년 — 조선정판사 위폐 사건, 미소 공동위원회
- 1948년 — 제주 4·3 사건, 5·10 선거 실시, 대한민국 정부 수립.
- 1949년 — 반민족 행위 특별조사위원회 발족

1949년: 김구 피살. 대한민국 임시정부 주석을 지낸 독립운동가로 육군 소위 안두희에게 암살됨.

한국사 연표

1950년 6·25 전쟁 발발
1951년 거창 양민학살 사건
1952년 제1차 한일회담
1953년 휴전협정 조인
1960년 3·15 부정선거, 4·19 혁명, 제2공화국 수립
1961년 5·16 군사 쿠데타
1962년 제1차 경제개발 5개년 계획
1963년 제3공화국 성립
1964년 6·3 사태, 베트남 파병
1965년 한일 국교정상화
1967년 제2차 경제개발 5개년 계획
1970년 새마을 운동 실시
1972년 7·4 남북공동성명 발표, 남북 적십자 회담 개최, 10월 유신 단행(박정희), 제4공화국 수립, 제3차 경제개발 5개년 계획
1973년 6·23 평화통일 선언 발표
1974년 영부인 (육영수)피살
1977년 제4차 경제개발 5개년 계획
1979년 10·26 사건, 12·12 사태
1980년 5·18 광주 민주화 운동
1981년 제5공화국 출범
1886년 서울, 제10회 아시안 게임 개최
1987년 대통령 직선제로 헌법 개정
1988년 서울 올림픽 개최, 노태우, 제6공화국 대통령으로 취임
1992년 중국과 국교 수립
1993년 김영삼 대통령 취임
1994년 북한, 김일성 사망
1995년 유엔 안전보장이사회 비상임이사국에 선출
1996년 한국 OECD 가입
1998년 김대중 대통령 취임, 노벨평화상 수상(2000년)
2000년 김대중 대통령 방북
2001년 인천 국제공항 개항
2002년 월드컵 한일 공동 개최. 우리나라는 4강 신화를 이루었다.
2003년 대구 지하철 참사
2004년 노무현 대통령 탄핵 소추안 발의 및 기각
2005년 노무현 대통령 취임, 청계천 복원, 황우석 논문 조작 파문
2006년 북한 핵실험, 한미 FTA 협상